AF588648

F. BLANQUART

BIBLIOGRAPHIE

DES

TRAVAUX HISTORIQUES ET ARCHÉOLOGIQUES

DE MONSEIGNEUR JULIEN LOTH

1862-1913

ROUEN
IMPRIMERIE L. GY -:- ALBERT LAINÉ, SUCCESSEUR
5, rue des Basnage.

1914

BIBLIOGRAPHIE

DES

TRAVAUX HISTORIQUES ET ARCHÉOLOGIQUES

DE MONSEIGNEUR JULIEN LOTH

1862-1913

AVERTISSEMENT

Dans un hommage rendu à la mémoire de Mgr J. Loth, en Assemblée générale de la Société de l'Histoire de Normandie le 3 juillet 1913, ses principales œuvres ont été rappelées et justement appréciées (1). A cette marque de

(1) *Bulletins*, t. XII, p. 31-44. Il en existe un tirage à part : *Discours... par M. P. Le Verdier, vice-président. Eloge de monseigneur Julien Loth, président (Rouen, impr. Léon Gy ; Albert Lainé, successeur*, 1913 ; in-8°, 16 p.). Mgr Loth a été ailleurs l'objet d'une série de notices et articles nécrologiques : « Mort de Mgr Loth, curé de Saint-Maclou. » « Mgr Julien Loth et son œuvre littéraire. » Signé : G. D. [Georges Dubosc] (*Journal de Rouen* du 6 janvier 1913). — « Mort de M. Julien Loth. » (*La Dépêche de Rouen* du 7 janvier 1913). — « Les obsèques de Mgr Julien Loth » [avec analyse et extraits des allocutions de M. l'archiprêtre de Rouen, de MM. Gaston Le Breton, vice-président de la Commission départementale des antiquités de la Seine-Inférieure, G. Bordeaux, président de l'Académie de Rouen, Bonpain, membre du Conseil paroissial de Saint-Maclou, et C. Bellest, au nom des anciens combattants de 1870] (*Journal de Rouen* du 9 janvier 1913). — « Monseigneur Loth. » Signé : E. Prudent. « Les funérailles de Mgr Loth. » Signé : L. J. [Louis Jouen]. [Le discours de M. l'abbé Le Sergeant, archiprêtre de Rouen, curé de Notre-Dame, y est reproduit *in extenso*.] (*Bulletin*

souvenir pour un ancien président, le Conseil d'administration de la Société a souhaité de joindre la liste de celles de ses publications où le vénéré prélat s'était plu à jeter ses regards vers le passé. La bibliographie qui va suivre, limitée aux écrits portant le caractère de recherches rétrospectives, n'a donc pas donné place à de nombreux travaux de genres différents, études religieuses et dissertations philosophiques, œuvres purement oratoires ou littéraires, chroniques hebdomadaires, générales et diocésaines (1). En outre, les articles anonymes ont été écartés lorsque aucun indice, aucun témoignage ne permettait

religieux de l'archidiocèse de Rouen, n° du 11 janvier 1913). — « Allocution adressée par M. l'abbé Delalande aux paroissiens de Saint-Maclou... » (S. l. n. d.; in-8°, 4 p.). — « Discours prononcé dans la quatre-vingt-quinzième Assemblée de la Société des Bibliophiles normands, le 1er juillet 1913, par M. P. Le Verdier : [... Mgr Loth,...]. Compte rendu de l'Assemblée générale du 1er juillet 1913 » (s. l. n. d.; petit in-4°), p. 4-7. — On pourra voir de plus, à la suite du compte rendu de la séance solennelle annuelle de l'Académie de Rouen tenue le 18 décembre 1913, le discours de réception de M. le chanoine Jouen et la réponse du président, M. Gaston Bordeaux, qui ont, l'un et l'autre, fait l'éloge de Mgr Loth. Un extrait du discours de M. l'abbé Jouen a été inséré dans le *Bulletin religieux* du 27 décembre 1913, p. 1254-1255.

(1) Il n'y faudrait pas chercher, par exemple, la première brochure que fit imprimer notre auteur, une biographie édifiante, *Notice sur l'abbé Hilaire Delesques, diacre du diocèse de Rouen* (*Rouen, impr. de A. Péron*, 1860; petit in-8°, 38 p.), ni l'*Eloge funèbre de Mme Jacques Feuillet, décédée au Maroc au service de la Croix-Rouge, prononcé en l'église Saint-Vincent de Rouen le 22 décembre* 1912, quelques jours avant la mort de Mgr Loth, et imprimé depuis (*Rouen, impr. Lecerf fils*, 1913; in-8°, 45 p., avec un portrait hors texte de Mgr Loth).

une attribution certaine (1). Malgré ces omissions volontaires et d'inévitables oublis, la moisson s'est trouvée abondante. A raison de l'extrême variété de sujets qu'elle fournit, il a semblé préférable, au lieu d'un classement plus difficile à établir, de s'en tenir à l'ordre chronologique, encore que celui-ci ne soit pas très rigoureusement observé. Ainsi, pour une même année, tout ce qui appartient à des revues ou autres recueils précède à dessein les impressions isolées, dont beaucoup sont des « extraits », ces tirages à part étant en quelque sorte assimilés à des éditions ultérieures et distinctes. Quant aux publications qui se poursuivent durant plusieurs années, elles prennent rang selon la date de leur commencement.

L'énumération des travaux historiques de Mgr Loth n'est pas et ne pouvait être absolument complète. Si néanmoins de trop graves lacunes ne s'y rencontrent pas, je le devrai à l'obligeant empressement de ceux qui ont bien voulu, afin de rendre la tâche accessible, mettre à ma disposition des moyens d'information et me procurer d'utiles renseignements. Je leur en exprime toute ma gratitude.

Il reste à mentionner une petite pièce, sans doute peu connue, ayant pour titre : *Ouvrages de M. l'abbé Loth, docteur en théologie, professeur honoraire à la Faculté de théologie* [*de Rouen*], *vicaire général de Tarbes, curé de Saint-Maclou de Rouen* (S. d.; in-8°, 7 p.; à la fin : *Impr. L. Mégard, Rouen*). Ce catalogue abrégé, com-

(1) De 1884 à 1890 inclusivement, l'éditeur de la *Semaine religieuse de Rouen* eut soin, à la table de chaque volume, de désigner par la lettre L les articles qui étaient dus à la plume de M. l'abbé Loth.

prenant 36 ouvrages ou opuscules, dont 30 seulement rentrent dans notre cadre et correspondent aux nos 122, 158, 301, 144, 319, 49, 108, 2, 22, 23, 51, 55, 113, 123, 128, 126, 159, 191, 193, 192, 230, 226, 229, 228, 213, 225, 243, 277, 292, 321 de la *Bibliographie* (1), fut vraisemblablement édité en 1901 et envoyé à Rome au moment où M. l'abbé Loth, pour couronnement d'une belle carrière sacerdotale, allait être appelé aux honneurs du protonotariat apostolique.

F. BL.

1. — De la musique religieuse. Allocution prononcée le dimanche 9 février 1862, [à Paris.] dans l'église Saint-Roch, pour la fondation de la Société académique de musique sacrée, par l'abbé Julien Loth. — *Paris, E. Repos, libr.-édit.*, s. d. [1862] ; in-8°, 15 p. (*Dieppe, Em. Delevoye, impr.*)

Origines religieuses de l'art musical. M. Ch. Vervoitte (cf. n° 179) avait eu la principale initiative dans la fondation de cette Société musicale.

(1) Les six autres sont : *Fénelon, orateur* (2e édition ; *Evreux, Hérissey*, 1890). — *Fleurs de la première communion* (4e édition ; *Paris, Haton*, 1896). — *De l'amour de la Patrie. Discours prononcé à la séance solennelle de rentrée des cours d'enseignement supérieur, à Rouen* (*Rouen, Cagniard*, 1872). — *De la supériorité des orateurs chrétiens sur ceux de l'antiquité dans les consolations. Discours prononcé à la séance solennelle de rentrée des cours d'enseignement supérieur, à Rouen* (*Rouen, Lecerf*, 1880). — *Deuxième centenaire de Corneille à l'archevêché de Rouen. Introduction et compte rendu* (*Rouen, Cagniard*, 1887). — *Conférence faite à la séance publique de l'Union des Femmes de France, à l'Hôtel-de-Ville* (*Rouen, Deshayes*, 1891).

2. — Urbain Robinet. Etude biographique et littéraire. — *Dieppe, impr. Emile Delevoye*, 1863 ; in-8°, 54 p.

Anonyme (*).

Né en 1683, à Montrelais, † le 29 septembre 1758, Urbain Robinet, liturgiste, auteur d'hymnes dont plusieurs sont encore chantées dans nos églises normandes, fut successivement chanoine, vicaire général et official de Rouen, chanoine, vicaire général et official de Paris.

3. — M. l'abbé d'Anfernet de Bures, mort pour la foi à Rouen le 7 septembre 1794 (21 fructidor an II).

Anonyme.

Almanach liturgique des fidèles du diocèse de Rouen pour l'année 1865. — Rouen, Fleury, libr. [1864] ; petit in-18. (*Impr. Mégard et Cie.*) (**) — P. 92-105.

Michel-Georges d'Anfernet de Bures, né à Vire le 15 octobre 1747.

4. — M. l'abbé d'Anfernet de Bures, mort pour la foi à Rouen le 7 septembre 1794, par M. l'abbé Julien Loth,... — *Rouen, impr. Mégard et Cie*, 1864 ; in-18°, 36 p.

Cf. no 3.

5. — *Notice biographique et nécrologique sur M. l'abbé Lefebvre, curé de Saint-Sever de Rouen, par M. l'abbé Cochet* (***).

Signé : J. L.

Revue de la Normandie. — Rouen, impr. de E. Cagniard, in-8°. — T. V, année 1865, p. 48.

(*) Quand un travail est anonyme ou signé seulement d'initiales, cette particularité est chaque fois mentionnée. En l'absence de l'une et de l'autre de ces annotations, si le nom de l'auteur n'est pas énoncé dans le libellé du titre, il faudra en inférer que la signature se voit au bas de la dernière page.

(**) Cités une première fois tout au long, les titres des recueils et revues ne le seront plus ensuite que par leur abréviation.

(***) Les intitulés des comptes rendus ont été imprimés en italiques quand ils reproduisent plus ou moins complètement le titre même de l'ouvrage analysé.

6. — *Procès-verbaux de la Commission départementale des antiquités [de la Seine-Inférieure], tome Ier*, 1818-1848.

Signé : J. L.

Ibid., t. V, ann. 1865, p. 50-52.

Notice historique sommaire de l'organisation et des travaux de la Commission durant trente années.

7. — Inscriptions à Saint-Victor-l'Abbaye.

Signé : J. L.

Ibid., t. V, ann. 1865, p. 60-62.

Ces inscriptions, dont le texte est inséré dans la revue, venaient d'être placées pour rappeler la mémoire de deux abbés de Saint-Victor-en-Caux, François de Circassis († 1618) et Christophe Terrisse († 1785). Le projet, qu'annonçait alors M. l'abbé Loth, d'écrire la biographie du second de ces deux ecclésiastiques ne paraît pas avoir été réalisé.

8. — *Notre-Dame de France [par M. Hamon, curé de Saint-Sulpice de Paris]. T. V ; Province de Rouen.*

Ibid., t. V, ann. 1865, p. 175-179.

9. — Un chapitre inédit de la vie de M. de Harlay. Concile provincial de 1651.

Ibid., t. V, ann. 1865, p. 268-280, 351-365.

10. — Restauration et encastrement de la pierre tumulaire du vénérable Jean-Baptiste de la Salle, à Saint-Sever de Rouen.

Signé : J. L.

Ibid., t. V, ann. 1865, p. 319-320.

L'inscription est textuellement reproduite dans la notice.

11. — *Notices [lues à l'Académie de Rouen] sur les*

grammairiens Domergue, Boniface et Chapsal, par M. Ballin.

Signé : J. L.
Ibid., t. V, ann. 1865, p. 381.

12. — *Les Bernardines d'Arques, par M. A.-H. Taillandier.*

Signé : J. L.
Ibid., t. V, ann. 1865, p. 432-433.

13. — Pose de la pierre commémorative de l'abbé d'Anfernet de Bures, à Roumare, le 7 septembre 1865.

Signé : J. L.
Ibid., t. V, ann. 1865, p. 580-581.
Texte de l'inscription.

14. — Un chapitre inédit de la vie de M. de Harlay. Concile provincial de 1651, par M. l'abbé Julien Loth,... — *Rouen, impr. de E. Cagniard*, 1865 ; in-8°, 31 p.

Extrait de la *Revue de la Normandie*, mai et juin 1865.
Cf. n° 9.

15. — Le *Christus vincit.*

Signé : J. L.
Alm. liturg. p. l'ann. 1866 (2e année), p. 84-102.
Cf. n° 57.

16. — Les derniers jours de l'Académie des Palinods de Rouen, par M. l'abbé Julien Loth,...

Mémoires lus à la Sorbonne dans les séances extraord. du Comité impér. des trav. hist. et des Sociétés savantes tenues les 4, 5 et 6 avril 1866. Hist., philologie et sciences morales. — Paris, Impr. impériale, 1867 (1866); in-8°. — P. 345-361.

17. — [*De l'éducation donnée aux enfants de France,*

petits-fils de Louis XIV, d'après un document inédit, par M. A. Charma. — Mém. lus à la Sorbonne en 1865].

Revue de la Normandie, t. VI, ann. 1866, p. 336-339.

18. — [*Jeanne Darc à Rouen, par M. O'Reilly.*]

Ibid., t. VI, ann. 1866, p. 339.

19. — Jeanne Darc à Rouen et du monument expiatoire que lui doit notre ville.

Ibid., t. VI, ann. 1866, p. 465-478.

A propos de la brochure de M. O'Reilly déjà signalée p. 339 de la revue par une simple note bibliographique. Voyez le n° précédent.

20. — Notice historique sur Henri Court-Mantel, fils de Henri II Plantagenet, sacré roi d'Angleterre, duc de Normandie.

Ibid., t. VI, ann. 1866, p. 668-673.

La statue du jeune prince avait été retrouvée peu de temps auparavant, par l'abbé Cochet, dans le sol du chœur de la cathédrale de Rouen (*Ibid.*, p. 717 et s.).

21. — Les derniers jours de l'Académie des Palinods de Rouen, par M. l'abbé Julien Loth,... (A la fin : [*Paris*,] *Imprimerie impériale*, 1866.) In-8°, 17 p.

Il n'y a qu'un titre de départ. — Extrait des *Mémoires lus à la Sorbonne*... — Cf. n° 16.

22. — Un confesseur de la foi à Rouen, en 1794. M. l'abbé d'Anfernet de Bures, exécuté sur la place publique, le 7 septembre. Par M. l'abbé Julien Loth. — *Rouen, impr. de E. Cagniard*, 1866 ; in-8°, 120 p.

Deuxième édition corrigée et augmentée.

23. — Réponse à M. E. de la Quérière, au sujet de M. l'abbé d'Anfernet de Bures, mort pour la foi à Rouen

le 7 septembre 1794. — *Rouen, impr. de E. Cagniard*, 1866 ; in-8°, 32 p.

Réplique à une brochure éditée cette même année : *Examen de l'apologie de l'abbé d'Anfernet, prêtre insermenté, publiée par M. l'abbé Loth, sous ce titre :* Un confesseur de la foi à Rouen en 1794, *par E. de la Quérière,... — Rouen, imp. de H. Boissel*, 1866 ; in-8°, 29 p. — Cf. n° 22.

24. — Liste des prêtres déportés de Rouen, morts sur les pontons, en rade de Rochefort, pour la foi, en 1794.

Signé : L'abbé Julien Loth à la fin de la « note historique » préliminaire. Un *Nota* porte ensuite la signature : J. L.

Alm. liturg. p. l'année 1867 (3ᵉ année), p. 94-131.

25. — C.-A. de Quiefdeville de Belmesnil.

Le Magasin normand. — Neufchâtel, Duval, impr., 1867. — 4ᵉ année, p. 27-29.

Complément, sous forme de lettre adressée au directeur du *Magasin norm.*, d'une notice publiée l'année précédente dans la revue (3ᵉ année, p. 121-122) par l'abbé Malais, dans ses recherches sur le *Chapitre de Rouen depuis la grande Révolution.*

26. — *Histoire de la ville des Andelis, par M. Brossard de Ruville.*

Revue de la Normandie, t. VII, ann. 1867, p. 294-299.

27. — *Les Frères des Ecoles chrétiennes, par M. de Folleville.*

Signé : J. L.

Ibid., t. VII, ann. 1867, p. 427-428.

La brochure analysée réunissait divers articles publiés en 1867, dans le *Journal de Valognes*, par Charles Le Vaillant de Folleville.

28. — Ephémérides religieuses diocésaines.

Anonyme.

La *Semaine religieuse du diocèse de Rouen. — Rouen*,

Fleury; in-8° *(Impr. Mégard et Cie)*. — T. Ier, 1867-1868, p. 8-9, 28-29, 43-45, 59-60, 73-75, 91-93, 114-115, 129-131, 146-147, 158-160, 175-176, 191-192, 209-210, 225-226, 242, 254-255, 274-275, 286-287, 302-303, 317-318, 334-336, 350-351, 369-370, 389-390, 410-411, 421-422, 438-439, 454-455, 470-473, 486-487, 506-507, 520-521, 535-537, 551-553, 574-575, 593-595, 607-609, 623-624, 639-641, 657-659, 671-673, 688-689, 704-705, 720-721, 734-735, 749-751, 767-768, 783-785, 801-803, 815-816, 833-834, 847-849.

29. — Les cloches de Rouen.

Anonyme.

Ibid., t. Ier, 1867-1868, p. 127-129, 143-146, 171-175, 219-225, 330-334, 547-551.

30. — Le cardinal de la Rochefoucauld dans l'exil.

Anonyme.

Ibid., t. Ier, 1867-1868, p. 419-421, 435-437, 451-453, 467-470, 482-486, 499-506, 514-520, 531-535.

Dominique de la Rochefoucauld, archevêque d'Alby (1747), fut fait archevêque de Rouen en 1759 et cardinal en 1777. Sorti de France en 1791, il mourut à Münster en 1800.

31. — La cathédrale de Rouen.

Anonyme.

Ibid., t. Ier, 1867-1868, p. 779-783 ; t. II, 1868-1869, p. 19-22, 37-40, 67-72, 115-116, 228-234, 348-354, 371-376, 401-405, 443-447, 467-472, 783-786, 803-808, 828-833, 856-858, 948-951 ; t. III, 1869, p. 29-35, 197-203, 363-367, 508-513, 531-536, 747-753, 825-829 ; t. IV, 1870, p. 80-87 ; t. V, 1871, p. 748-753 ; t. VII, 1873, p. 268-273, 293-300, 916-919, 941-945, 1060-1065 ; t. VIII, 1874, p. 76-81 ; t. IX, 1875, p. 316-320, 340-344, 749-756 ; t. X, 1876, p. 1115-1162, 1181-1184, 1203-1211 ; t. XI, 1877, p. 340-344, 366-371, 391-395, 438-442, 534-537, 558-563, 607-611, 846-851,

893-898, 989-994, 1015-1020, 1040-1043, 1062-1066, 1086-1092, 1108-1114, 1136-1140, 1158-1164, 1181-1187 ; t. XII, 1878, p. 3-9, 29-33, 52-64, 77-84, 100-106, 123-132, 244-248, 292-297, 316-323, 412-419, 436-443, 460-466, 557-562, 581-588, 605-612, 652-656.

32. — Liste des prêtres déportés de Rouen morts sur les pontons, en rade de Rochefort, pour la foi, en 1794. — S. d. [1867] ; in-8°, 38 p. (A la fin : *Rouen, impr. Mégard et Cie.*)

Il n'y a d'autre titre que le titre de départ. La « notice historique » est signée (p. 4) : L'abbé Julien Loth ; un *Nota* (p. 5) est suivi des initiales J. L. et daté de Rouen, 20 mars 1866. — Cette liste a été dressée pour la première fois par l'abbé Langlois qui l'a insérée dans son *Essai sur le Chapitre de Rouen pendant la Révolution* (Rouen, Fleury, édit., 1856), Pièces justificat., n° 1, d'après les *Martyrs de la Révolution* de l'abbé Guillon, le *Martyrologe du clergé français* et les Etats des maisons de réclusion, aux Archives municipales. Elle est, cette fois, revue et augmentée à l'aide des dossiers judiciaires conservés aux mêmes archives. — Cf. n° 24.

33. — Notice historique sur les Clarisses de Rouen.

Alm. liturg. p. l'année 1868 (4e année), p. 116-141.

34. — Procès-verbaux de la Commission des antiquités de la Seine-Inférieure... Séance du 29 février 1868.

Ce procès-verbal, ainsi que ceux qui ci-après seront mentionnés, porte la signature : Le secrétaire-adjoint, l'abbé Julien Loth.

Bulletin de la Commission des antiquités de la Seine-Inférieure. — Rouen, impr. de H. Boissel; in-8°. — T. Ier, 1868, p. 101-194.

Autel romain de Liffremont ; clocher de Villedieu-la-Montagne, à Haucourt ; casques en bronze trouvés à Falaise ; portraits des seigneurs de Manneville, au château d'Orcher, etc.

35. — Procès-verbaux de la Commiss. des ant. de la S.-Inf. Séance du 2 avril 1868.

Ibid., t. Ier, p. 194-211.

Portraits des Manneville ; cimetière franc de Sommery ; inscription commémorative de la dédicace de Sainte-Croix-des-Pelletiers de Rouen (1586) ; pierre sépulcrale de Robert Le Roux de Tilly (✝ 1638) ; château de Gravenchon ; peintures du tombeau de sainte Honorine, etc.

36. — Procès-verbaux de la Commiss. des ant. de la S.-Inf. Séance du 3 octobre 1868.

Ibid., t. Ier, p. 235-244.

Suppression du porche des églises ; actes de vandalisme dans l'église d'Etretat ; dalles tumulaires et inscriptions diverses ; ruines de Saint-Victor-l'Abbaye ; tumulus de Trouville-en-Caux ; théâtre romain de Lillebonne.

37. — Procès-verbaux de la Commiss. des ant. de la S.-Inf. Séance du 12 décembre 1868.

Ibid., t. Ier, p. 253-264.

Ancienne prison du bailliage d'Aumale ; antiquités découvertes à Caudebec-lès-Elbeuf ; inscription commémorative en l'église Saint-Jacques de Dieppe ; cercueil franc de Rogerville, etc.

38. — *La mission de la Pucelle d'Orléans. Chronique mise en vers par M. Toutain-Mazeville.*

Rev. de la Normandie, t. VIII, ann. 1868, p. 54-59.

39. — *Catalogue et armorial des présidents, conseillers [gens du roi] et greffiers du Parlement de Rouen, publiés par les soins de la Cour impériale...*

Ibid., t. VIII, ann. 1868, p. 113-115.

La publication de ce volume était due à la collaboration de MM. Stéph. et L. de Merval.

40. — Principales cloches du diocèse [de Rouen]. Caudebec-en-Caux.

Anonyme.

Sem. relig. de Rouen, t. II, 1868-1869, p. 587-590.

41. — Souvenirs recueillis à Münster sur le cardinal de la Rochefoucauld et sur les prêtres du diocèse [de Rouen] exilés avec lui.

Anonyme.

Ibid., t. II, 1868-1869, p. 611-619, 635-645, 663-666, 686-695.

Les pages 643-645, 691-695 présentent une « liste des ecclésiastiques du diocèse de Rouen qui ont reçu l'hospitalité dans la ville et pays de Münster pendant les années 1794, 1795 et jusqu'au rétablissement du culte. »

42. — Les Palinods de Rouen.

Anonyme.

Ibid., t. II, 1868-1869, p. 900-904, 923-930.

Une bulle du pape Léon X pour l'approbation et confirmation des statuts et privilèges de la confrérie de l'Immaculée Conception, dite *Académie des Palinods*, réimprimée en 1864 par la Société des Bibliophiles normands, est ici traduite en français (p. 927-928). Cette traduction est de M. l'abbé A. Tougard.

43. — Mgr Blanquart de Bailleul, archevêque de Rouen [de 1844 à 1858].

Anonyme.

Ibid., t. II, 1868-1869, p. 1043-1048, 1068-1072, 1092-1098, 1117-1123, 1163-1170, 1190-1194.

Cf. n° 49.

44. — Notice historique sur les Clarisses de Rouen, par M. l'abbé Julien Loth. — *Rouen, Fleury, libr.*, 1868; in-8°, 31 p. (A la fin : *Rouen, impr. Mégard et Cie*.)

Cf. n° 33.

45. — Notice sur M. l'abbé Picard, chanoine, archiprêtre de la métropole [de Rouen].

Alm. liturg. p. l'ann. 1869 (5e année), p. 113-161.

46. — La fête de Noël et la messe de minuit à la cathédrale de Rouen il y a cent ans.

Signé : J. L.

Ibid., ann. 1869 (5e année), p. 162-177.

47. — Le mot de l'énigme de l'inscription de la *Petite Marie*.

Anonyme.

Sem. relig. de Rouen, t. III, 1869, p. 9-11.

Lettre de F.-J. Devroye, chanoine et grand chantre de Liège, au sujet d'une cloche fondue dans cette ville, en 1774, pour la collégiale Saint-Barthélemy et acquise en 1810 pour la cathédrale de Rouen. Les quatre lignes de l'inscription que porte le bronze forment autant de chronogrammes.

48. — Les reliques de sainte Austreberte, d'après des documents inédits.

Anonyme.

Ibid., t. III, 1869, p. 1204-1210, 1233-1237 ; t. IV, 1870, p. 29-33.

49. — Monseigneur Blanquart de Bailleul, 97e archevêque de Rouen. Sa vie, sa mort, son oraison funèbre et ses funérailles. Par M. l'abbé Julien Loth,... — *Rouen, Fleury, libr.*, 1869 ; in-12, XII-228 p. (A la fin : *Rouen, impr. Mégard.*)

Louis-Marie-Edmond Blanquart de Bailleul était né à Calais le 8 septembre 1795 ; † 30 décembre 1868. L'oraison funèbre du prélat avait été prononcée par Mgr Fourcade, évêque de Nevers.

50. — Discours d'ouverture du cours d'éloquence

sacrée, prononcé le mardi 16 novembre 1869 par M. l'abbé Julien Loth, professeur suppléant de la Faculté de théologie [de Rouen]. — *Rouen, Fleury, édit.*, 1869 ; in-8°, 30 p. (A la fin : *Rouen, impr. Mégard et Cie.*)

La chaire française au XVIIe siècle.

51. — Notice sur M. l'abbé Picard, chanoine, archiprêtre de la métropole [de Rouen], par M. l'abbé Julien Loth. — *Rouen, Fleury, libr.*, 1869 ; in-12, 81 p. (A la fin : *Rouen, impr. Mégard.*)

Extrait de l'*Almanach liturgique*, augmenté de notes biographiques sur MM. Jobard et Motte, chanoines et archiprêtres, Chefdeville et Langlois, curés de Saint-Godard, Surgis, vicaire général. La notice sur M. l'abbé Picard remplit les 64 premières pages. — Cf. no 45.

52. — Les prêtres normands en Angleterre, d'après les Mémoires manuscrits de M. Baston.

Alm. liturg. p. l'ann. 1870 (6e année), p. 116-160.

La notice est suivie de la signature ; puis viennent des appendices signés : J. L.

53. — Les processions du Saint-Sacrement [à Rouen et dans le diocèse de Rouen].

Anonyme.

Sem. relig. de Rouen, t. IV, 1870, p. 370-375.

54. — Le mois de juillet à Rouen au XVIIe siècle, d'après les *Fasti Rothomagenses* d'Hercule Grisel.

Anonyme.

Ibid., t. IV, 1870, p. 411-416, 436-441, 488-492.

55. — Les cloches de Rouen, par M. l'abbé Julien Loth,... — *Rouen, Fleury, édit.*, 1870 ; in-8°, 47 p. (A la fin : *Imp. Mégard et Cie.*)

Cf. nos 29 et 334.

56. — Liste chronologique des archevêques de Rouen, d'après l'ancien Rituel.

Signé : J. L.

Alm. liturg. p. l'ann. 1871 (7e année), p. 24-36.

A la différence de celle que contenait l'*Almanach liturgique* de 1865 à 1870, cette liste est dite « revue et augmentée ». Il en sera de même dans les années qui suivront.

57. — Le *Christus vincit* à Rouen au XIe siècle.

Ibid., ann. 1871 (7e année), p. 105-114.

Cf. no 15.

58. — La station de l'*Inviolata* [à la cathédrale de Rouen].

Ibid., ann. 1871 (7e année), p. 114-121.

P. 121-124, en appendice à cette notice, est un acte de fondation de l'*Inviolata* dans l'église Notre-Dame de la Ronde, à Rouen (1439).

59. — Rouen en 1771 et 1871.

Signé : J. L.

Ibid., ann. 1871 (7e année), p. 138-148.

60. — Procès-verbaux de la Commiss. des ant. de la S.-Inf. Séance du 10 novembre 1870.

Bulletin de la Commiss. des antiquités. — Dieppe, impr. d'Emile Delevoye; in-8o. — T. II, 1871 (1872), p. 45-66.

Théâtre romain de Saint-André-sur-Cailly ; sépultures gallo-romaines découvertes au Havre ; villas romaines dans la forêt de Bord ; découvertes aux environs de Caudebec-en-Caux ; inscriptions dans l'église de Bois-l'Évêque et dans l'église Notre-Dame de Vernon.

61. — Procès-verbaux de la Commiss. des ant. de la S.-Inf. Séance du 23 février 1871.

Ibid., t. II, p. 125-134.

Fouilles dans la forêt de Bord et à Sotteville-lès-Rouen ; inscription commémorative dans l'ancienne église abbatiale de Fécamp ; cercueil et cœur en plomb dans l'église de Biville-la-Martel (Ypreville-

Biville) ; croix en grès avec inscription (1678), à Saint-Valery-en-Caux, au hameau de Saint-Léger.

62. — Procès-verbaux de la Commiss. des ant. de la S.-Inf. Séance du 4 avril 1871.

Ibid., t. II, p. 134-139.

Fouilles de Saint-Ouen de Rouen ; pierre-limite des possessions de cette abbaye ; ancien cimetière de la paroisse Sainte-Croix-Saint-Ouen, à Rouen ; vases romains à Caudebec-lès-Elbeuf.

63. — Procès-verbaux de la Commiss. des ant. de la S.-Inf. Séance du 18 juillet 1871.

Ibid., t. II, p. 148-160.

Tubes en terre cuite d'hypocaustes romains à Saint-André-sur-Cailly ; vases en bronze du moyen âge trouvés au Mesnil-Mauger ; objets donnés au Musée d'antiquités ; borne milliaire trouvée en Normandie au XVIIe siècle.

64. — Le carême à Rouen au XVIIe siècle, d'après les *Fasti Rothomagenses* d'Hercule Grisel.

Anonyme.

Sem. relig. de Rouen, t. V, 1871, p. 68-72, 83-87.

65. — Abrégé des conciles de l'église de Rouen, d'après dom Bessin, résumé par Lecocq de Villeray, revu et continué jusqu'en 1850.

Signé : J. L.

Alm. liturg. p. l'ann. 1872 (8e année), p. 120-145.

66. — Procès-verbaux de la Commiss. des ant. de la S.-Inf. Séance du 12 février 1872.

Bulletin de la Comm. des antiquités, t. II, p. 277-288.

A Rouen, tombeau de Robert Touzé († 1522), pierre tombale de Jean de Saane († 1645), actuellement au Musée d'antiquités ; église de Duclair, pierre tombale de Jean Capelle († 1650) ; montoir de la rue Cauchoise, à Rouen.

67. — Procès-verbaux de la Commiss. des ant. de la S.-Inf. Séance du 16 avril 1872.

Ibid., t. II, p. 288-306.

Montivilliers, autel du cimetière ; Léry, sépultures gallo-romaines ; fouilles à Incheville, à Saint-Aubin-sur-Scie, etc.

68. — Procès-verbaux de la Commiss. des ant. de la S.-Inf. Séance du 26 octobre 1872.

Ibid., t. II, p. 340-350.

Fragment d'une statue de pierre, tête d'un chevalier du XVe siècle, trouvée à Longueville ; fouilles du Bois-l'Abbé, à Eu ; plaques commémoratives provenant de l'église des Dominicains de Rouen ; portrait de la marquise d'Harcourt, figurée en sainte Marguerite, dans l'église de Freneuse.

69. — Procès-verbaux de la Commiss. des ant. de la S.-Inf. Séance du 27 novembre 1872.

Ibid., t. II, p. 350-366.

Vase hispano-mauresque provenant de l'abbaye de Fécamp ; dolium et vases antiques trouvés en 1852 à Etelan ; stations de l'âge de pierre en Périgord ; silex taillés recueillis à Darnétal ; bas-relief de la chapelle Saint-Étienne, à la cathédrale de Rouen.

70. — La bénédiction de la Croix-de-Pierre.

Anonyme.

Sem. rel. de Rouen, t. VI, 1872, p. 508-520.

Historique de l'ancienne croix de ce nom et de la fontaine adjacente.

71. — Histoire des communautés religieuses de femmes de la ville de Rouen pendant la Révolution.

Anonyme.

Ibid., t. VI, 1872, p. 580-588, 604-609, 627-632, 652-657, 676-683, 723-728, 748-753, 797-802, 819-826, 843-847, 868-875, 892-897, 917-921, 964-967.

72. — Discours de réception prononcé par M. l'abbé Loth, professeur à la Faculté de théologie, dans la séance du 12 avril 1872.

Précis analytique des travaux de l'Académie des sciences, belles-lettres et arts de Rouen pendant l'année 1871-1872. — *Rouen, impr. E. Cagniard*, 1872 ; in-8°. — P. 164-200.

L'ambassade en Portugal de Robert Le Roux, baron d'Esneval et d'Acquigny (1688).

73. — Bénédiction de la Croix-de-Pierre (25 mai 1872)... — *Rouen, Mégard et Cie, impr.-libr.*, s. d. [1872] ; in-8°, 16 p., phot.

Tirage à part, non spécifié, de la *Semaine religieuse*. — Cf. n° 70.

74. — Les communautés religieuses de femmes de la ville de Rouen pendant la Révolution, par M. l'abbé Julien Loth,... — *Rouen, Fleury, libr.*, 1872 ; in-12, 80 p. (A la fin : *Rouen, impr. Mégard et Cie.*)

Cf. n° 71.

75. — Robert Le Roux d'Esneval et les deux Grémonville, ambassadeurs du roi Louis XIV. Discours prononcés dans la séance publique de l'Académie de Rouen le 12 avril 1872 par M. l'abbé Loth, récipiendaire, et le vicomte d'Estaintot, président. — *Rouen, impr. de H. Boissel*, 1873 ; in-8°, 54 p.

Extr. du *Précis* de l'Académie de Rouen, année 1871-1872. — Cf. n° 72.

76. — Rouen en 1773.

Anonyme.

Sem. relig. de Rouen, t. VII, 1873, p. 101-105, 124-129, 149-154, 175-179.

Le premier article de cette notice, p. 101, avait pour titre : « L'année 1773 ».

77. — Les Chapitres de France avant la Révolution. Quelques particularités historiques.

Signé : J. L.

Alm. liturg. p. l'ann. 1873 (9e année), p. 121-146 ; *Ibid.*, ann. 1874 (10e année), p. 130-150.

78. — Liste des prêtres du diocèse de Rouen morts en exil à Londres depuis le mois de mars 1793 jusqu'au 1er septembre 1800.

Signé : J. L.

Ibid., ann. 1873 (9e année), p. 146-151.

79. — Etude sur Farin, par M. l'abbé Loth.

Précis des trav. de l'Acad. de Rouen, ann. 1872-1873. — *Rouen*, 1873. — P. 525-561.

François Farin, l'auteur de l'*Histoire de Rouen*, naquit en cette ville le 17 mai 1604 ; † 8 septembre 1675.

80. — Paul Dubois (1845-1871). Lettres et souvenirs [avec préface de M. l'abbé Julien Loth]. — *Rouen, impr. E. Cagniard*, 1873 ; in-8°, XII-138 p. (A la fin : *Achevé d'imprimer pour M. Anatole Dubois par Espérance Cagniard, à Rouen, le premier avril mil huit cent soixante-treize.*)

Ces souvenirs ont été publiés par les soins de M. l'abbé Boulard, professeur au Boisguillaume, mais sur les inspirations et conseils de M. l'abbé Loth qui a écrit la préface (p. V-XII).

81. — Rapport sur les travaux de la classe des belles-lettres et des arts pendant l'année 1873-1874, par M. l'abbé Julien Loth, secrétaire de cette classe.

Précis des trav. de l'Acad. de Rouen, ann. 1873-1874. — *Rouen*, 1874. — P. 173-191.

82. — Notice sur M. de Lépinois, par M. l'abbé J. Loth.

Ibid., ann. 1873-1874. — *Rouen*, 1874. — P. 192-203.

Eugène-Louis-Ernest de Lépinois, né le 14 février 1814 à Chenoise (Seine-et-Marne). Il fut président de la Société de l'Histoire de Normandie depuis la fondation, en 1869 ; † 18 novembre 1873.

83. — Notice sur M. Ed. Frère, par M. l'abbé J. Loth.

Ibid., ann. 1873-1874. — *Rouen*, 1874. — P. 204-208.

Edouard-Benjamin Frère, né à Rouen le 27 septembre 1797 ; † 7 avril 1874.

84. — Notice sur M. Amédée Méreaux, par M. l'abbé J. Loth.

Ibid., ann. 1873-1874. — *Rouen*, 1874. — P. 209-212.

Amédée Le Froid de Méreaux, né à Paris en 1802 ; † 25 avril 1874.

85. — Notes sur Mgr Martin de Boisville, né à Rouen [le 12 janvier 1755], mort évêque de Dijon.

Anonyme.

Sem. rel. de Rouen, t. VIII, 1874, p. 4-9, 27-32, 124-129.

Ces notes résument une partie du journal manuscrit de Jean-François Martin de Boisville du Vernier, chanoine de Rouen depuis 1782 jusqu'à la dispersion du Chapitre. N'ayant pas émigré, il demeura secrètement à Rouen après une alerte où il dut, pour se dérober aux recherches, quitter précipitamment son château de Saint-Martin-du-Manoir. Vicaire général de l'archevêque Cambacérès à l'époque du Concordat, il devint par la suite évêque de Blois (1817) et de Dijon (1825) ; † 27 mai 1829.

86. — La semaine sainte à Rouen au XVIIIe siècle, d'après les *Fasti Rothomagenses* d'Hercule Grisel.

Anonyme.

Ibid., t. VIII, 1874, p. 306-311.

87. — Etude sur François Farin, par M. l'abbé Loth. — *Rouen, impr. de Henry Boissel*, 1874 ; in-8°, 37 p.

(La couverture porte un titre quelque peu différent : Farin, historien de Rouen, étude biographique et littéraire, par M. l'abbé Julien Loth. — *Rouen, Métérie, libr.*, 1874.)

« Extrait du *Précis* des travaux de l'Académie des Sciences, Belles-Lettres et Arts de Rouen, année 1872-73. » — Cf. n° 79.

88. — Nécrologe du clergé diocésain de 1805 à 1819.
Signé : J. L.
Alm. liturg. p. l'ann. 1875 (11e année), p. 123-150.

89. — Les prêtres du diocèse de Rouen en Angleterre.
Signé : J. L.
Ibid., ann. 1875 (11e année), p. 150-156.

90. — Notice sur M. de Lépinois.
Bulletins de la Société de l'Histoire de Normandie. — *Rouen, Ch. Métérie, succr de A. Le Brument ;* in-8°. — T. Ier, ann. 1870-75 (1875), p. 159-179.

M. l'abbé Loth a repris, en lui donnant plus d'étendue, la notice publiée en 1871 dans le *Précis analyt. des trav. de l'Acad. de Rouen.* — Cf. n° 82.

91. — Rapport sur les travaux de la classe des belles-lettres et des arts pendant l'année 1874-1875, par M. l'abbé J. Loth, secrétaire de cette classe.
Précis des trav. de l'Acad. de Rouen, ann. 1873-1874. — *Rouen*, 1875. — P. 153-173.

92. — Notice sur M. l'abbé Colas, par M. l'abbé J. Loth.
Ibid, ann. 1874-1875. — *Rouen*, 1875. — P. 357-358.
Jean-Baptiste-Etienne Colas, né à Rouen le 7 mai 1809 ; † 1874.

93. — Notice sur M. l'abbé Cochet, par M. l'abbé J. Loth.
Ibid., ann. 1874-1875. — *Rouen*, 1875 ; p. 359-365.
Le célèbre archéologue Jean-Benoît-Désiré Cochet était né à Sanvic le 7 mars 1812 ; † le 8 juin 1875.

94. — Les cloches de l'abbaye de Montivilliers.

Anonyme.

Sem. relig. de Rouen, t. IX, 1875, p. 93-96.

95. — Le carême de l'abbé Fossard à la chapelle royale de Versailles.

Anonyme.

Ibid., t. IX, 1875, p. 172-178.

Pierre-Nicolas-Joseph Fossard, né à Lillebonne le 4 septembre 1710, chanoine de Rouen, archidiacre, abbé de Marcheroux; † 26 décembre 1783. Après avoir, en 1761, prêché le carême devant la Cour, il avait été honoré du titre de prédicateur du Roi.

96. — Le jubilé de 1775-1776 à Rouen.

Anonyme.

Ibid., t. IX, 1875, p. 245-250.

97. — M. l'abbé Forbras.

Anonyme.

Ibid., t. IX, 1875, p. 416-421, 436-441, 460-465, 604-610.

Pierre-François Forbras, né à Beauval (Somme), le 31 octobre 1799, curé de Saint-Vivien, fonda, à Rouen, l'hôpital qui porte son nom; † 10 avril 1875.

98. — *Quelques jours d'un jeune Anglais en Normandie.*

Anonyme.

Ibid., t. IX, 1875, p. 700-705.

Analyse du journal de voyage d'Edmond Bishop, dont l'abbé Malais venait de donner une traduction (*Dieppe*, 1875). A cette relation ont été joints deux appendices concernant les Gravelines de Rouen et une liste des ecclésiastiques normands morts en Angleterre (1793-1838) qui continue et complète celles de l'*Almanach liturgique* de 1870 et 1873. — Cf. n° 52 et n° 78.

99. — Souvenirs du règne de Charles V.

Anonyme.

Ibid., t. IX, 1875, p. 891-893.

Notes puisées dans les *Mandements et actes divers de Charles V*, publiés par Léopold Delisle (Documents inédits, Paris 1874).

100. — Le cardinal de la Rochefoucauld.

Anonyme.

Ibid., t. IX, 1875, p. 1004-1007. 1028-1033, 1100-1113, 1124-1129. 1173-1176, 1197-1202 ; t. X, 1876, p. 171-176, 198-202, 245-250, 317-325. 342-349.

101. — [Notes de voyage datées de « Münster, le 15 octobre », et « Aix-la-Chapelle, le 17 octobre 1875. »]

Anonyme.

Ibid., t. IX, 1875, p. 1051-1055.

De compagnie avec M. Robert, intendant de la cathédrale de Rouen, M. l'abbé Loth s'était rendu à Münster en vue de l'exhumation des restes, de Mgr Dominique de la Rochefoucauld († 1800). Les cérémonies de translation de la dépouille mortelle du cardinal et de celle d'un de ses successeurs, Mgr François de Pierre de Bernis († 1823) eurent lieu l'année suivante, les 19 et 20 avril 1876, à Notre-Dame de Rouen.

102. — Fouilles de Sainte-Marguerite-sur-Mer (Commission des antiquités de la Seine-Inférieure. Séance du 16 novembre 1876).

Bulletin de la Comm. des antiquités. — Rouen, impr. Esp. Cagniard, 1879 ; in-8°. — T. IV, 1876 à 1878, p. 68-74.

103. — Rapport sur les travaux de la classe des lettres pour 1875-1876, par M. l'abbé Julien Loth, secrétaire de cette classe.

Précis des travaux de l'Acad. de Rouen, ann. 1875-1876. — Rouen. 1876. — P. 185-207.

104. — Lettres inédites adressées à M. Brifaut ou

écrites par lui, par M. l'abbé Julien Loth. Première partie : Brifaut et Lamartine.

Ibid., année 1875-76. — Rouen, 1876. — P. 328-353.

Lettres inédites de Lamartine. — Né à Dijon le 14 février 1781, Charles Brifaut fut reçu à l'Académie française en 1826 ; † 5 juin 1857.

105. — Mémoires inédits de M. Lebay, curé de Veules (1761-1834).

Anonyme.

Sem. rel. de Rouen, t. X, 1876, p. 460-466, 484-487, 509-513, 532-536, 581-586, 605-610.

Analyse et extraits d'une autobiographie intéressante pour l'histoire diocésaine et pour celle du clergé pendant l'émigration, comme aussi durant les années qui suivirent le Concordat.

106. — M. l'abbé Cochet.

Anonyme.

Ibid., t. X, 1876, p. 653-658, 676-680, 700-706, 724-729, 748-753, 772-776, 796-801.

Cf. n° 93.

107. — *Les réformes sous Louis XVI, par M. Semichon.*

Anonyme.

Ibid., t. X, 1876, p. 1133-1137.

108. — Farin, historien de Rouen. Etude biographique et littéraire, par M. l'abbé Julien Loth,... — *Rouen, impr. de E. Cagniard*, 1876, petit in-4°, 48 p.

Extr. du *Précis de l'Académie de Rouen*, ann. 1872-1873.

Réimpression plus luxueuse du n° 87.

109. — La flèche de la cathédrale [de Rouen].

Alm. liturg. p. l'ann. 1877 (13e année), p. 106-112.

110. — Rapport sur les travaux de la classe des lettres et des arts, par M. l'abbé Julien Loth, secrétaire de cette classe.

Précis des travaux de l'Acad. de Rouen, ann. 1876-1877. — *Rouen*, 1877. — P. 127-140.

111. — Notice nécrologique sur M. Gosselin, par M. Julien Loth.

Ibid., ann. 1876-1877. — *Rouen*, 1877. — P. 438-442.

Allocution de M. l'abbé Loth, au nom de l'Académie de Rouen, sur la tombe de M. Edouard-Hippolyte Gosselin, né à Paris le 30 novembre 1811 ; † à Rouen, le 8 novembre 1876.

112. — Rouen en 1777.

Anonyme.

Sem. relig. de Rouen, t. XI, 1877, p. 172-176, 197-200.

113. — Notice sur M. l'abbé Cochet, par l'abbé Julien Loth,... — *Rouen, Fleury, édit.*, 1877 ; in-8°, 46 p. (A la fin : *Rouen, impr. Mégard et Cie.*)

Cf. nos 93 et 106.

114. — Rapport sur les travaux de la classe des lettres et des arts pendant l'année 1877-1878, par M. l'abbé Julien Loth, secrétaire de cette classe.

Précis des trav. de l'Acad. de Rouen, ann. 1877-1878. — *Rouen*, 1878. — P. 211-234.

115. — Lettres inédites adressées à M. Brifaut ou écrites par lui, par M. l'abbé Julien Loth. Deuxième partie.

Ibid., ann. 1877-1878. — *Rouen*, 1878. — P. 468-488.

Cf. no 104.

116. — Le ban et l'arrière-ban de la noblesse de Rouen

en 1703, publié pour la première fois, d'après le manuscrit original conservé aux Archives départementales.

Signé : J. L. à la fin du second article.

Alm. liturg. p. l'ann. 1879 (15e année), p. 117-129. *Ibid., p. l'année 1880* (16e année), p. 100-104.

117. — Rapport sur les travaux de la classe des lettres et des arts pour l'année 1878-1879, par M. l'abbé Julien Loth, secrétaire de cette classe.

Précis des trav. de l'Acad. de Rouen, ann. 1878-1879. — *Rouen*, 1879. — P. 211-232.

118. — L'abbé de Boismont, chanoine de Rouen, membre de l'Académie française, par M. l'abbé Julien Loth.

Ibid., ann. 1878-1879. — *Rouen*, 1879. — P. 366-410.

On a parfois indiqué l'année 1715 pour date de naissance de Nicolas Thirel de Boismont et pour lieu d'origine un village des environs de Rouen (Bosbénard-Commin ?), mais, d'après A. Canel, il naquit le 10 mai 1708 à Pont-Audemer, paroisse Saint-Ouen (*Hist. de la ville de Pont-Audemer*, t. II, p. 415). Boismont était une terre toute voisine, située à Tourville, et qui appartenait à la famille Thirel. L'abbé de Boismont mourut le 20 décembre 1786.

119. — Dom Blandin.

Anonyme.

Sem. relig. de Rouen, t. XIII, 1879, p. 469-473.

Louis-Ambroise Blandin, né le 28 mars 1760, avait fait profession, en 1782, à l'abbaye de Fécamp. Il fut « le dernier survivant des quarante religieux bénédictins qui occupaient la célèbre abbaye à l'époque de la Révolution » et mourut le 29 janvier 1848. — Cf. no 154.

120. — Les Assemblées provinciales à Rouen [novembre-décembre 1787].

Anonyme.

Ibid., t. XIII, 1879, p. 829-834, 852-857.

121. — Les députés de la Seine-Inférieure à la Convention.

Anonyme.

Ibid., t. XIII, 1879, p. 1115-1121, 1141-1146, 1167-1173, 1188-1193; t. XIV, 1880, p. 3-9, 28-33, 52-58, 76-81, 148-154; 172-177, 221-227, 364-370, 388-392, 415-421, 540-547, 588-594, 692-697, 764-768, 1148-1152, 1173-1179, 1221-1225; t. XV, 1881, p. 27-32, 52-55, 76-79, 101-107, 124-131, 245-253, 292-296, 468-474, 493-497, 517-521, 590-595, 663-666, 832-836, 856-862, 881-885, 904-909.

Aux pages 416-420 et 541-546 est une liste des habitants de Rouen et du département de la Seine-Inférieure victimes de la Révolution.

122. — La cathédrale de Rouen, son histoire, sa description, depuis ses origines jusqu'à nos jours, par M. l'abbé Julien Loth,... — *Rouen, Fleury, édit.*, 1879 ; gr. in-8°, VIII-622 p., fig. (A la fin : *Rouen, impr. Mégard et Cie.*)

La première rédaction de cet important ouvrage « fruit de douze années de recherches et de labeur », avait paru dans la *Semaine religieuse du diocèse de Rouen* de 1867 à 1878. — Cf. n° 31.

123. — Mémoire sur la musique à l'abbaye de Fécamp. Reproduction d'un manuscrit inédit de dom Guillaume Fillastre, avec une introduction par l'abbé Julien Loth. — *Rouen, impr. H. Boissel*, 1879; in-8° carré, XXVI-26 p.

Publication de la Société des Bibliophiles normands.

124. — Rapport sur les travaux de la classe des lettres et des arts (1879-1880), par M. l'abbé Julien Loth, secrétaire de cette classe.

Précis des trav. de l'Acad. de Rouen, ann. 1879-1880. — *Rouen*, 1880. — P. 263-278.

125. — Un laboureur du pays de Caux aux Etats généraux de 1593.

Anonyme.

Sem. rel. de Rouen, t. XIV, 1880, p. 1027-1032, 1124-1130.

Ce député du Tiers-Etat était un fermier de Ricarville nommé Odet Soret.

126. — L'abbé de Boismont, chanoine de Rouen, membre de l'Académie française (1715-1786), par M. l'abbé Julien Loth,... — *Rouen, Boissel*, 1880 ; in-8°, 45 p.

Extrait du *Précis* de l'Académie de Rouen. — Cf. n° 118.

127. — La cathédrale [de Rouen].

Signé : A. (*sic*) Loth.

Rouen illustré. [Tome Ier] par P. Allard, l'abbé A. (*sic*) Loth, vicomte R. d'Estaintot, Paul Baudry, N. Beaurain, J. Adeline, J. Félix, L. Palustre, [Ch.] de Beaurepaire, F. Bouquet. Introduction par Charles Deslys. Vingt-quatre eaux-fortes par Jules Adeline, Brunet-Debaine, E. Nicole et H. Toussaint. — *Rouen, E. Augé, édit.*, 1880 ; in-fol. (A la fin : *Achevé d'imprimer en 1880 par E. Augé, libr.-édit. à Rouen. Les eaux-fortes tirées par A. Salmon, Paris ; le texte de l'impr. L. Deshays, Rouen.*) — P. 9-28, avec 3 pl.

128. — Notice historique sur l'Ecole normale primaire de la Seine-Inférieure par M. l'abbé Julien Loth,... — *Rouen, libr. Edmond Fleury*, 1880 ; in-8°, 2 f.-VIII-103 p., 1 f. de table. (A la fin : *Rouen, impr. Mégard et Cie.*)

129. — L'abbé Maromme.

Alm. liturg. p. l'ann. 1881 (17e année), p. 138-146.

Pages inédites concernant un prêtre émigré, textuellement publiées par M. l'abbé Loth qui a signé des initiales J. L. les quelques lignes dont il a fait précéder et suivre ce simple récit.

130. — Les maires de Rouen [1040-1382, 1693-1881].

Anonyme.

Sem. rel. de Rouen, t. XV, 1881, p. 148-154, 172-176.

131. — Une congrégation d'autrefois à Rouen.

Anonyme.

Ibid., t. XV, 1881, p. 660-663, 760-763, 808-812.

Congrégation de la Sainte Vierge établie au collège des Jésuites et qui disparut en 1762, lors de la suppression de leur Compagnie.

132. — Les sermons d'autrefois à Rouen ; glanes historiques.

Anonyme.

Ibid., t. XV, 1881, p. 1001-1007, 1072-1076.

133. — Notice sur M. l'abbé Lecomte (1819-1880), professeur à la Faculté de théologie de Rouen.

Catalogue de la bibliothèque de M. l'abbé Lecomte. — Le Havre, imp. Mignot, 1881. — Préface, p. 1-5.

Cette notice est vraisemblablement la même que celle qui se lit dans le *Précis des travaux de l'Académie de Rouen*. — Cf. n° 136.

134. — De quelques usages anciens de l'église métropolitaine de Rouen.

Alm. liturg. p. l'ann. 1882 (18ᵉ année), p. 103-120.

Entrée du roi dans la cathédrale ; procès-verbal de l'entrée de Henri IV, d'après les registres capitulaires ; funérailles ; sermons ; oratoires ou « paradis » ; tapisseries et bannières ; orgues et autres instruments de musique ; ornementations de l'édifice ; clef de voûte où est sculptée une image de la Vierge que la dévotion populaire nomme : Notre-Dame de la Recherche.

135. — Rapport sur les travaux de la classe des lettres

et des arts pendant l'année 1880-1881, par M. l'abbé Julien Loth, secrétaire.

Précis des trav. de l'Acad. de Rouen, ann. 1880-1881. — *Rouen*, 1882. — P. 163-173.

136. — Notice sur M. l'abbé Lecomte, par M. l'abbé Julien Loth.

Ibid., ann. 1880-1881. — *Rouen*, 1882. — P. 355-357.

Jean-Baptiste Lecomte, né à Derchigny le 12 janvier 1819; † 29 décembre 1880.

137. — M. l'abbé Delahaye, vicaire général de Rouen. Anonyme.

Sem. rel. de Rouen, t. XVI, 1882, p. 9-13.

Edouard-Pierre Delahaye, né à Rouen le 21 août 1808, décéda dans les derniers jours de décembre 1881. De 1849 à 1858, il avait été supérieur du petit séminaire du Mont-aux-Malades.

138. — Les défenseurs de la religion au XIXe siècle. Anonyme.

Ibid., t. XVI, 1882, p. 28-34, 52-55, 78-83, 100-104, 124-129, 173-178, 196-200, 390-394, 412-416, 485-491, 510-515, 639-640, 1142-1145, 1164-1196.

139. — Le séminaire de Joyeuse de Rouen. Anonyme.

Ibid., t. XVI, 1882, p. 222-227, 247-250, 268-274.

140. — Claude Pellot. Anonyme.

Ibid., t. XVI, 1882, p. 436-441, 459-466.

M. E.-M. O'Reilly venait d'éditer, pour la Société de l'Histoire de Normandie, les *Mémoires sur la vie publique et privée de Claude Pellot, conseiller, maître des requêtes, intendant et premier président du Parlement de Normandie* (1629-1683).

141. — Le mois de juillet.

Anonyme.

Ibid., t. XVI, 1882, p. 635-638.

Graves événements accomplis en ce mois durant la dernière période séculaire.

142. — Une page de l'histoire de Dieppe.

Anonyme.

Ibid., t. XVI, 1882, p. 684-688.

Bombardement et incendie de cette ville en juillet 1694.

143. — L'abbé de Vertot.

Anonyme.

Ibid., t. XVI, 1882, p. 1203-1207.

René Auber d'Aubeuf de Vertot, l'historien connu sous le nom d' « abbé de Vertot », naquit au château de Bennetot le 25 novembre 1655; † le 15 juin 1735. De 1695 à 1706, il fut curé de Saint-Paër-sur-Duclair.

144. — Histoire de l'abbaye royale de Saint-Pierre de Jumièges, par un religieux bénédictin de la Congrégation de Saint-Maur, publiée pour la première fois par M. l'abbé Julien Loth. — *Rouen, Ch. Métérie, successeur de A. Le Brument*; 3 vol. in-8°; t. Ier, 1882, XXII-384 p.; t. II, 1884, 318 p., 1 f. d'*errata*; t. III, 1885, 313 p., 1 f. d'*errata*. (A la fin des vol. : *Imp. E. Cagniard.*)

Publication de la Société de l'Histoire de Normandie. Dans le troisième volume, p. 219-269, est une « Notice sur l'abbaye de Jumièges » signée : L'abbé Julien Loth, Rouen, le 2 avril 1886. Les notes, pour une grande partie, sont dues à M. l'abbé Sauvage.

145. — Les députés du clergé aux Etats de Normandie sous Henri IV, Louis XIII et Louis XIV.

Signé : J. L.

Alm. liturg. p. l'ann. 1883 (19e année), p. 102-113.

146. — Rapport sur les travaux de la classe des lettres et des arts pour l'année 1881-1882, par M. l'abbé Julien Loth, secrétaire.

Précis des trav. de l'Acad., ann. 1881-1882. — *Rouen*, 1883. — P. 239-258.

147. — Notice sur M. de Duranville, par l'abbé Julien Loth.

Ibid., ann. 1881-1882. — *Rouen*, 1883. — P. 581-584.

Léon-Joseph Le Vaillant de Duranville, né à Rouen le 1er juillet 1803; † 1882.

148. — Notice sur M. Semichon, par M. l'abbé J. Loth.

Ibid., ann. 1881-1882. — *Rouen*, 1883. — P. 585-587.

Louis-Ernest Semichon, né à Neufchâtel-en-Bray le 19 août 1813; † à Rouen le 2 novembre 1882.

149. — Les croyants célèbres au XIXe siècle.

Anonyme.

Sem. relig. de Rouen, t. XVII, 1883, p. 151-156, 198-202, 221-227, 293-298, 316-320, 340-344, 364-368, 390-394.

150. — Le 25 juin 1683 à Rouen.

Anonyme.

Ibid., t. XVII, 1883, p. 632-636.

Résumé d'une narration contemporaine de l'événement, réimprimée en 1871 pour la Société des Bibliophiles normands : *Relation des désordres arrivés en la ville et faubourgs de Rouen et lieux adjacents, par le tonnerre, les vents et la grêle, le 25 juin 1683.*

151. — Les droits de la religion catholique sous le Concordat.

Anonyme.

Ibid., t. XVII, 1883, p. 657-661.

152. — La visite de Barras au Temple.

Anonyme,

Ibid., t. XVII, 1883, p. 705-709.

Cet article et deux de ceux qui vont suivre (nos 153 et 223) se réfèrent à une publication de M. de Chantelauze (*Revue des questions historiques*, 1er juillet 1883) formant supplément à son ouvrage : *Louis XVII, son enfance, sa prison et sa mort au Temple. — Les derniers chapitres de mon Louis XVII.*

153. — Gomin au Temple.

Anonyme.

Ibid., t. XVII, 1883, p. 729-733.

154. — Un nouveau document sur dom Blandin.

Anonyme.

Ibid., t. XVII, 1883, p. 836-838.

Dans la *Revue des questions historiques* (avril 1883), M. Victor Pierre avait publié diverses pièces concernant un curé de Follainville (canton de Limay (Seine-et-Oise), déporté à l'île de Ré, mais ce prêtre, nommé Blandin, ne doit pas être confondu avec l'ancien religieux bénédictin, son homonyme. Voir une lettre adressée au directeur de la *Semaine religieuse* (t. XVII, p. 1053-1054).

155. — L'histoire du Concordat, d'après les travaux les plus récents.

Anonyme.

Ibid., t. XVII, 1883, p. 849-854, 896-901, 920-926, 944-949.

156. — Le tombeau de saint Romain.

Anonyme.

Ibid., t. XVII, 1883, p. 1066-1071, 1160-1164.

157. — Mgr le cardinal de Bonnechose, archevêque de Rouen [de 1858 à 1883].

Ibid., t. XVII, 1883, p. 1089-1095.

158. — L'abbé Julien Loth. Les Conventionnels de la Seine-Inférieure. — *Rouen, Espérance Cagniard, impr.-libr.-édit.*, 1883; gr. in-8°, XIII-409 p., 1 f. de table. (A la fin : *Achevé d'imprimer, à Rouen, par Espérance Cagniard, le quinze septembre mil huit cent quatre-vingt-trois.*)

Ce travail avait d'abord paru dans la *Semaine religieuse de Rouen*.
Cf. n° 121 : « Les députés de la Seine-Inférieure à la Convention. »

159. — Sainte Thérèse. Son siècle, sa vie, son œuvre. Sermons prêchés au Carmel de Rouen, pendant le triduum du troisième centenaire de la sainte (24, 25, 26 octobre 1882), par l'abbé Julien Loth,... — *Rouen, Fleury, édit.*, 1883; in-8°, 77 p., 1 f. de table non chiffré.

160. — Mgr le cardinal de Bonnechose, quatre-vingt-dix-huitième archevêque de Rouen.

Alm. liturg. p. l'ann. bissextile 1884 (20e année), p. 102-107.
Cf. n° 157.

161. — Causerie bibliographique

Ibid., année bissextile 1884 (20e année), p. 115-126.

Conseils succincts aux amateurs et collectionneurs de livres : classement d'une bibliothèque; soins à donner aux livres; reliures; ouvrages rares et recherchés; nomenclature de quelques anciens ouvrages normands, etc. — Un article anonyme, intitulé « Les livres normands », inséré en 1880 dans l'*Almanach liturgique*, devrait probablement être attribué au même auteur.

162. — L'Assemblée du clergé de Rouen pour les Etats généraux de 1789, par M. l'abbé Julien Loth.

Précis des trav. de l'Acad. de Rouen, ann. 1882-1883. — *Rouen*, 1884. — P. 353-386.

163. — [*Histoire de*] *la principauté d'Yvetot* [*par M. Beaucousin*].

Anonyme.

Sem. relig. de Rouen, t. XVIII, 1884, p. 28-33.

164. — Mgr le cardinal de Bonnechose et l'abbé Bautain.

Anonyme.

Ibid., t. XVIII, 1884, p. 102-107, 1037-1042, 1061-1066.

Le titre mis en tête du premier article, p. 102, avait été : « L'école de M. Bautain ».

165. — M. l'abbé Isaac, vicaire capitulaire, doyen du Chapitre [de la cathédrale de Rouen].

Ibid., t. XVIII, 1884, p. 327-332.

Jean-Baptiste-Ambroise Isaac, né le 4 avril 1814 à Grainville-la-Teinturière; † 1er avril 1884.

166. — [La dévotion au Sacré-Cœur, à Rouen. Deux circulaires du premier monastère de la Visitation (1726 et 1730).]

Anonyme.

Ibid., t. XVIII, 1884, p. 380-382.

167. — L'entrée des archevêques à Rouen.

Anonyme.

Ibid., t. XVIII, 1884, p. 477-481.

168. — Les mandements des archevêques de Rouen depuis le Concordat.

Anonyme.

Ibid., t. XVIII, 1884, p. 500-505.

169. — Le château fortifié [de Rouen].

Anonyme.

Ibid., t. XVIII, 1884, p. 526-530.

Eclaircissements de Farin sur un chapitre de sa *Normandie chré-*

tienne, publiés pour la première fois par M. J. Félix pour la Société rouennaise de Bibliophiles.

170. — Jeanne d'Arc. Sa cause de béatification.

Anonyme.

Ibid., t. XVIII, 1884, p. 598-603, 620-625, 668-673, 692-697, 716-720, 741-745.

Analyse détaillée d'un panégyrique de la bienheureuse par Mgr Dupanloup.

171. — [Le portrait de Jean de la Roque-Hue, haut doyen du Chapitre de la cathédrale de Rouen et vicaire général († 1729), à la bibliothèque du Chapitre.]

Anonyme.

Ibid., t. XVIII, 1884, p. 625-627.

172. — La mission surnaturelle de Jeanne d'Arc.

Anonyme.

Ibid., t. XVIII, 1884, p. 1087-1093, 1108-1113, 1156-1163.

173. — Le journal d'Adrien Miton.

Anonyme.

Ibid., t, XVIII, 1884, p. 1181-1186.

Ce « Mémoire d'Adrien Miton, président en l'Election de Neufchâtel-en-Bray (XVIe et XVIIe siècles), sur l'histoire de cette ville et des environs depuis 1520 jusqu'en 1640 » fait partie d'une publication de la Société de l'Histoire de Normandie : *Documents concernant l'histoire de Neufchâtel-en-Bray et des environs.*

174. — Les sépultures de la chapelle Saint-Pierre et Saint-Paul à la cathédrale de Rouen.

Anonyme.

Ibid., t. XVIII, 1884, p. 1207-1213.

175. — Gautier le Magnifique, cinquante et unième archevêque de Rouen.

Anonyme.

Ibid., t. XVIII, 1884, p. 1228-1232, 1287-1292 ; t. XIX, 1885, p. 4-8.

D'après une étude sur ce prélat présentée en 1867 à l'Ecole des Chartes par M. Victor Duchemin et demeurée manuscrite. Gautier de Coutances, surnommé le Magnifique, né en 1140 d'une famille anglaise d'origine, fut successivement chanoine de Rouen, archidiacre d'Oxford, évêque de Lincoln (1183), archevêque de Rouen (1184); † 1207.

176. — [Les fouilles de Saint-Ouen de Rouen].

Anonyme.

Ibid., t. XVIII, 1884, p. 1232-1235, 1263-1266.

177. — L'Assemblée du clergé de Rouen pour les Etats généraux de 1789, par M. l'abbé Julien Loth. — *Rouen, impr. de Espérance Cagniard*, 1884 ; in-8°, 38 p.

Extrait non mentionné du *Précis* de l'Acad. de Rouen, ann. 1882-1883. Cf. n° 162.

178. — L'Assemblée du clergé de Rouen pour les Etats généraux de 1789.

Anonyme.

Alm. liturg. p. l'ann. 1885 (21e année), p. 123-156.

Cf. nos 162 et 177.

179. — Les fontaines de Rouen.

Rouen illustré. T. II, par P. Allard, l'abbé J. Loth, vicomte R. d'Estaintot, P. Baudry, J. Adeline, J. Félix, [Ch.] de Beaurepaire, F. Bouquet, l'abbé Vacandard. Introduction par Charles Deslys. Vingt-quatre eaux-fortes par J. Adeline, Brunet-Debaines, Max Lalanne et H. Toussaint. — *Rouen, E. Augé, édit.*, 1884 ; in-fol. (*). (A la fin : *Achevé*

(*) Il a été publié, des deux volumes de *Rouen illustré*, une autre édition in-4°.

de publier en MDCCCLXXXIV par E. Augé, libr.-édit. à Rouen. Les eaux-fortes tirées par A. Salmon, Paris; le texte de l'impr. Hérissey, Evreux). — P. 117-128, avec 1 pl.

180. — Le « Chevalier » des *Soirées de Saint-Pétersbourg* [F.-G. de Bray], par M. l'abbé Julien Loth.

Précis des trav. de l'Acad. de Rouen, ann. 1883-1884. — *Rouen*, 1885. — P. 247-265.

Dans les trois interlocuteurs admis à ces entretiens il ne faut pas voir des types de fantaisie créés par le célèbre auteur des *Soirées*, mais des personnages réels. L'un d'eux serait François-Gabriel de Bray, né à Rouen le 21 décembre 1765, qui entra très jeune dans l'ordre de Malte et mourut en 1832.

181. — Notice sur M. Charles Vervoitte, membre de l'Académie de Rouen, par l'abbé J. Loth.

Ibid., ann. 1883-1884. — *Rouen*, 1885. — P. 405-428.

Ch. Vervoitte (1820-1881) était né à Aire (Pas-de-Calais). Avant de diriger la maîtrise de Saint-Roch de Paris et d'être ensuite nommé inspecteur général des maîtrises de France, il avait été, de 1847 à 1859, maître de chapelle de la cathédrale de Rouen.

182. — Un nouveau document sur Marie-Antoinette.

Anonyme.

Sem. rel. de Rouen, t. XIX, 1885, p. 28-33, 52-59.

Il s'agit du livre-journal de Mme Eloffe, couturière-lingère de la reine, duquel le comte de Reiset s'est beaucoup servi pour son ouvrage : *Modes et usages au temps de Marie-Antoinette*.

183. — L'ancien clergé [de Rouen].

Anonyme.

Ibid., t. XIX, 1885, p. 103-108.

A l'occasion de la mort de l'abbé Danois (1795-1885), « un des derniers témoins des traditions de l'ancien clergé » d'avant la Révolution.

184. — Les *Actes* de saint Mellon [publiés par M. l'abbé Sauvage sous le titre d'*Actes de saint Mellon, premier évêque de Rouen*].

Ibid., t. XIX, 1885, p. 124-131.

Saint Nicaise doit-il avoir place au catalogue des évêques de Rouen ? Dans le même volume de la *Semaine* (p. 195-198 et 198-199) se rencontrent une lettre de M. l'abbé Sauvagé et, en réponse, quelques lignes de M. l'abbé Loth ayant trait à cette question. Voir aussi sur ce sujet « Le livre d'ivoire » (*infra*, n° 203).

185. — Rouen il y a cent ans.

Anonyme.

Ibid., t. XIX, 1885, p. 228-233, 253-258.

186. — Horcholle [et son journal].

Anonyme.

Ibid., t. XIX, 1885, p. 431-437.

Jean-Baptiste-Augustin Horcholle, né à Rouen le 4 juillet 1728, qui fut procureur à la Chambre des Comptes de Normandie et mourut le 12 messidor an X (1er juillet 1802), a laissé un journal manuscrit : *Anecdotes de ce qui s'est passé dans la ville de Rouen depuis l'établissement des Etats généraux* (1789-1801). L'appréciation dont le document avait été l'objet dans le *Journal de Rouen* des 25 et 29 décembre 1884 amena M. l'abbé Loth à publier cet article.

187. — Jean de Brébeuf.

Anonyme.

Ibid., t. XIX, 1885, p. 637-642.

Né à Condé-sur-Vire le 24 mai 1593, Jean de Brébeuf entra dans la Compagnie de Jésus, y fit profession en 1617, à Rouen, et fut pendant quelques années l'un des régents du collège de cette ville. Envoyé enfin aux missions d'Amérique, il fut mis à mort, au Canada, le 16 mars 1649.

188. — La loi des Francs.

Anonyme.

Ibid., t. XIX, 1885, p. 885-889.

189. — Les reliques de saint Maclou.

Ibid., t. XIX, 1885, p. 1075-1079.

190. — Le véritable auteur du chant de la *Marseillaise.*

Anonyme.

Ibid., t. XIX, 1885, p. 1133-1137, 1156-1158, 1281-1283.

Analyse d'une série d'articles de M. Arthur Loth publiés dans le journal *l'Univers* (nos du 23 oct. 1885 et jours suivants) et qui, en 1886, furent réunis en volume sous le titre : *Le chant de la Marseillaise. Son véritable auteur...*

191. — Le « Chevalier » des *Soirées de Saint-Pétersbourg*, par M. l'abbé Julien Loth,... — *Rouen, impr. de Esp. Cagniard*, 1885 ; in-8°, 23 p.

Cf. n° 180.

192. — Notice sur M. l'abbé Isaac, vicaire général, doyen du Chapitre métropolitain de Rouen, par M. l'abbé Julien Loth,... — *Rouen, impr. de Esp. Cagniard*, 1885 ; in-8°, 230 p., portr.

Cf. n° 165.

193. — Notice sur M. Charles Vervoitte, membre de l'Académie de Rouen, par M. l'abbé Julien Loth,... — *Rouen, impr. de Espérance Cagniard*, 1885 ; in-8°, 26 p.

Extrait du *Précis* de l'Académie de Rouen. — Cf. n° 181.

194. — Rouen en 1786...

Anonyme.

Sem. relig. de Rouen, t. XX, 1886, p. 29-34, 54-58, 79-83.

195. — *Le clergé français réfugié en Angleterre* [*par M. l'abbé Plasse, chanoine de Clermont*].

Anonyme.

Ibid., t. XX, 1886, p. 148-152, 197-201, 246-250.

P. 250, une liste des « prêtres de Rouen inhumés dans le caveau de Sainte-Marie de Mortields » ou dans un « lieu de sépulture non désigné » est ajoutée à celle qu'avait déjà publiée M. l'abbé Loth dans l'*Almanach liturgique..., pour l'année* 1873. Cf. n° 78.

196. — L'ouvrier au XIIIe siècle.
Anonyme.
Ibid., t. XX, 1886, p. 301-305.

197. — Mgr de Mérode. [*Frédéric-François-Xavier de Mérode, par Mgr Besson.*]
Anonyme.
Ibid., t. XX, 1886, p. 430-435, 452-457.

198. — Jeanne d'Arc et le clergé de Rouen.
Ibid., t. XX, 1886, p. 477-482, 500-505, 527-532.

199. — Les lois d'exil en 1792 et en 1886.
Anonyme.
Ibid., t. XX, 1886, p. 605-609.

200. — Un prince en exil.
Anonyme.
Ibid., t. XX, 1886, p. 631-635.
Odyssée du comte de Provence, le futur Louis XVIII, de 1791 à 1814, à travers les Etats de l'Europe, d'après une série d'articles publiés par Ernest Daudet dans le *Correspondant* et un volume du même auteur : *Les Bourbons et la Russie pendant la Révolution française.*

201. — Les étapes d'un révolutionnaire.
Anonyme.
Ibid., t. XX, 1886, p. 677-680, 724-728, 750.
Notes sur le conventionnel Couthon.

202. — Un mystère représenté à Rouen en 1474.
Anonyme.
Ibid., t. XX, 1886, p. 772-776.
Mystère de l'Incarnation et Nativité de notre sauveur et rédemp-

teur Jésus-Christ, représenté à Rouen en 1474, d'après un imprimé du XVIe siècle, publié en 1884-1886, par M. P. Le Verdier, pour la Société des Bibliophiles normands.

203. — Le livre d'ivoire [de la cathédrale de Rouen].
Signé : J. L.
Ibid., t. XX, 1886, p. 798-801.

Voyez, sur ce précieux manuscrit, une étude de M. Ch. de Linas dans la *Gazette archéologique* de 1886.

204. — Sur la poésie populaire.
Ibid., t. XX, 1886, p. 916-924.

205. — M. le marquis de Blosseville.
Ibid., t. XX, 1886, p. 979-981.

Bénigne-Ernest Poret, marquis de Blosseville, né à Rouen le 19 janvier 1799, † au château d'Amfreville-la-Campagne le 25 septembre 1886. Succédant à M. de Lépinois, il fut président de la Société de l'Histoire de Normandie de 1873 à 1886.

206. — Une théorie de M. Burnouf [sur le chant liturgique].
Anonyme.
Ibid., t. XX, 1886, p. 988-992.

207. — Mgr Rouxel de Médavy, quatre-vingt-septième archevêque de Rouen [1671-1691].
Anonyme.
Ibid., t. XX, 1886, p. 1013-1017, 1037-1041, 1063-1068.

208. — Le tombeau de Mgr le cardinal de Bonnechose.
Ibid., t. XX, 1886, p. 1109-1111.

A cet article s'en joint un autre (p. 1111-1115), qui est de M. l'abbé Sauvage : « Rapport sur les fouilles de la chapelle Saint-Pierre-et-Saint-Paul », sous laquelle avait été préparé un caveau pour la sépulture du cardinal.

209. — Réponse au discours de réception de M. l'abbé

Bourdon, par M. l'abbé Julien Loth, président de l'Académie.

Précis des trav. de l'Acad. de Rouen, ann. 1885-1886. — *Rouen*, 1887. — P. 31-45.

Considérations sur l'oratorio et la musique religieuse.

210. — Réponse au discours de réception de M. Poan de Sapincourt, par M. l'abbé Julien Loth, président de l'Académie.

Ibid., ann. 1885-1886. — *Rouen*, 1887. — P. 125-150.

La science et la religion.

211. — Réponse au discours de réception de M. A. Bligny, par M. l'abbé Loth, président de l'Académie.

Ibid., ann. 1885-1886. — *Rouen*, 1887. — P. 213-235.

Le sel en Normandie au XVIIIe siècle.

212. — Réponse au discours de réception de M. l'abbé Fouard, par M. l'abbé Julien Loth, président de l'Académie.

Ibid., ann. 1885-1886. — *Rouen*, 1887. — P. 237-260.

Saint Paul à Athènes, devant l'Aréopage.

213. — Un projet de mariage en Portugal pour le dauphin, fils de Louis XIV.

Revue du monde catholique (27e année), t. 92e. — *Paris, Société générale de librairie catholique, V. Palmé, directeur général*, 1887 ; in-8° (*Paris, E. de Soye et fils, imp.*). P. 56-61.

La correspondance diplomatique de Robert Le Roux d'Esneval, ambassadeur de Louis XIV à la cour de Portugal (1688-1694), conservée au château d'Esneval, à Pavilly, avait déjà fait le sujet du discours de réception de M. l'abbé Loth à l'Académie de Rouen en 1872 (*supra*, n°s 71 et 75). L'auteur, avant de le publier de nouveau, a revu attentivement son premier travail.

214. — *Les prêtres et les religieux déportés sur les côtes et dans les îles de la Charente-Inférieure [par M. l'abbé Manseau].*

Anonyme.

Sem. rel. de Rouen, t. XXI, 1887, p. 28-32, 52-56, 148-153.

Le dernier des trois articles est intitulé : « La seconde déportation ». A ce compte rendu analytique il serait bon de rattacher les « Notes particulières sur les prêtres et religieux déportés de Rouen », documents envoyés par l'abbé Manseau et insérés dans la *Semaine religieuse*, t. XXVI, 1892, p. 317-319, 342-343, 510-512, 558-559, 578-581, 725-728, 1250-1255, 1279-1280.

215. — *Vie du cardinal de Bonnechose, par Mgr Besson, évêque de Nîmes.*

Ibid., t. XXI, 1887, p. 76-80.

Cf., dans le même volume, p. 853-858, un autre compte rendu anonyme, également dû à M. l'abbé Loth, de la quatrième édition de cet ouvrage.

216. — L'érudition normande.

Anonyme.

Ibid., t. XXI, 1887, p. 269-274.

Revue de récentes publications d'histoire locale : études de M. de Girancourt sur la verrerie de Rouen, de M. Ch. de Linas sur le trésor et la bibliothèque du Chapitre de la cathédrale de Rouen, et de M. F. Bouquet sur la chapelle du manoir de Moulineaux ; mention de notices insérées au *Bulletin de la Commission des Antiquités de la Seine-Inférieure* ; l'épitaphe, à Utrecht, de Thomas Basin († 1491) et, dans l'ancienne église abbatiale de Saint-Paër de Chartres, celle de Robert, archevêque de Rouen († 1037). Texte des deux inscriptions.

217. — Note sur la maîtrise de la cathédrale [de Rouen] depuis la Révolution.

Signé : J. L.

Ibid., t. XXI, 1887, p. 373-377.

218. — Rouen en 1787.

Anonyme.

Ibid., t. XXI, 1887, p. 397-402.

219. — *Garcia Moreno [par le R. P. Berthe]*.

Ibid., t. XXI, p. 469-483, 566-569, 589-594.

220. — Le projet de Gaillon.

Anonyme.

Ibid., t. XXI, 1887, p. 829-834.

A la fin de juillet 1792, on avait formé — sans parvenir à le réaliser — le dessein secret de conduire le roi et la famille royale au château des archevêques de Rouen, à Gaillon, afin de les mettre à l'abri des violences révolutionnaires.

221. — Pie VII à Savone.

Anonyme.

Ibid., t. XXI, 1887, p. 877-881.

222. — L'œuvre scolaire de la Révolution, de l'an Ier à l'an X.

Anonyme.

Ibid., t. XXI, 1887, p. 1020-1024.

223. — Les restes de Louis XVII.

Anonyme.

Ibid., t. XXI, 1887, p. 1047-1051.

224. — La béatification du vénérable Jean-Baptiste de la Salle.

Anonyme.

Ibid., t. XXI, 1887, p. 1093-1098.

Voir aussi, sous le même titre, t. XXII, 1888, p. 181-186. Le fondateur de l'Institut des Frères des Ecoles chrétiennes mourut à Rouen le 7 avril 1719.

225. — Dédicace solennelle de la chapelle de Saint-

Laurent d'Eu, le 19 juillet 1876. — *Rouen, impr. de Espérance Cagniard*, 1887 ; petit in-4°, 43 p.

Une courte préface (p. 5-6) est ainsi signée et datée : « L'abbé Julien Loth. — Rouen, le 19 juillet 1887. »

226. — L'oratorio. Haendel et S. Bach. Discours de réception prononcé dans la séance publique de l'Académie des Sciences, Belles-Lettres et Arts de Rouen, le 25 novembre 1885, par M. l'abbé Bourdon, directeur de la maîtrise, maître de chapelle de la métropole. Réponse à ce discours par M. l'abbé J. Loth, président. — *Rouen, impr. de Esp. Cagniard*, 1887 ; in-8°, 43 p.

Le discours de M. l'abbé Loth occupe les pages 29-43. — Extrait du *Précis*... Cf. n° 209.

227. — Un projet de mariage en Portugal pour le dauphin, fils de Louis XIV, par l'abbé Julien Loth. — *Paris, Société générale de librairie catholique : Victor Palmé, directeur général*, 1887 ; in-8°, 30 p. (A la fin : *Paris, C. de Soye et fils, impr.*)

« Extrait de la *Revue du monde catholique* ». — Cf. n° 213.

228. — Réponse au discours de réception de M. l'abbé Fouard, par M. l'abbé Julien Loth, président [de l'Académie de Rouen]. — *Rouen, impr. de E. Cagniard*, 1887 ; in-8°, 28 p.

Extrait du *Précis* de l'Académie de Rouen, année 1885-1886. Cf. n° 212.

229. — Réponse au discours de réception de M. Poan de Sapincourt, par M. l'abbé Julien Loth, président [de

l'Académie de Rouen]. — *Rouen, impr. de E. Cagniard*, 1887 ; in-8°, 30 p.

Extrait du *Précis* de l'Académie de Rouen, année 1885-1886. Cf. n° 210.

230. — Le sel en Normandie au XVIIIe siècle. Discours prononcés en séance de l'Académie des Sciences, Belles-Lettres et Arts de Rouen, le 15 janvier 1886, par M. Alfred Bligny, récipiendaire, et M. l'abbé Julien Loth, président. — *Rouen, impr. de Espérance Cagniard*, 1887 ; in-8°, 63 p.

Extrait du *Précis* de l'Académie de Rouen, année 1885-1886. La réponse de M. l'abbé Loth, président de l'Académie, occupe les pages 39-63. Cf. n° 211.

231. — Rouen il y a cent ans.

Anonyme.

Sem. relig. de Rouen, t. XXII, 1888, p. 29-33, 52-56.

232. — Bibliographie des travaux relatifs à Jeanne d'Arc.

Anonyme.

Ibid., t. XXII, 1888, p. 101-105, 126-131.

233. — Les chapelles de la cathédrale [de Rouen].

Anonyme.

Ibid., t. XXII, 1888, p. 205-209.

234. — Sieyès et le duc de Brunswick.

Anonyme.

Ibid., t. XXII, 1888, p. 229-235.

235. — Une gloire française.

Anonyme.

Ibid., t. XXII, 1888, p. 348-354, 372-375, 398-402.

Etude sur Bossuet et son patriotisme.

236. — [*La guerre de Cent ans.*] *Jeanne d'Arc et les Dominicains* [*par le R. P. Chapotin*].

Anonyme.

Ibid., t. XXII, 1888, p. 422-427.

237. — *Points* [*obscurs et*] *nouveaux de la vie de Corneille...* [*par F. Bouquet*].

Anonyme.

Ibid., t. XXII, 1888, p. 545-549.

238. — Le rétablissement des Frères [des Écoles chrétiennes] après la Révolution.

Anonyme.

Ibid., t. XXII, 1888, p. 622-627.

239. — Les premières relations diplomatiques de la Russie avec la France.

Anonyme.

Ibid., t. XXII, 1888, p. 692-695.

240. — Le centenaire de Vizille.

Anonyme.

Ibid., t. XXII, 1888, p. 717-721.

L'assemblée des trois ordres du Dauphiné fut tenue à Vizille le 21 juillet 1788.

241. — M. Roland et le B. Jean-Baptiste de la Salle.

Anonyme.

Ibid., t. XXII, 1888, p. 813-817.

D'après la *Vie de Nicolas Roland*, publiée cette même année, à Reims, par M. l'abbé Hanesse.

242. — Le Concordat de 1817.

Anonyme.

Ibid., t. XXII, 1888, p. 1084-1089, 1109-1114 ; t. XXIII, 1889, p. 4-8, 28-32.

243. — Panégyrique du bienheureux Jean-Baptiste de la Salle, prononcé par M. l'abbé Julien Loth,... le lundi 11 juin 1888, dans la chapelle du pensionnat J.-B.-de-la-Salle, à Rouen, où sont conservées ses reliques. — *Rouen, impr. Mégard et Cie*, 1888 ; in-8°, 31 p., port.

244. — Procès-verbaux de la Commiss. des ant. de la S.-Inf. Séance du 16 mars 1885.

La rédaction du procès-verbal, confiée d'abord à M. l'abbé Loth, fut ensuite achevée par M. l'abbé Tougard.

Bulletin de la Comm. des antiquités, t. VII, 1885 à 1887 (Rouen, 1889), p. 4-26.

Inscriptions à Saint-Lô de Rouen ; chapiteau antique à astragale trouvé à Lillebonne ; reliure du « Livre d'ivoire » de la cathédrale de Rouen, formée peut-être d'anciens diptyques ; démolition du vieux Bicêtre ; notice de M. Ch de Beaurepaire sur l'église Sainte-Croix-Saint-Ouen.

245. — Louis XVI.

Anonyme.

Sem. relig. de Rouen, t. XXIII, 1889, p. 52-56.

246. — Le culte sous le Directoire.

Anonyme.

Ibid., t. XXIII, 1889, p. 102-107, 124-127.

D'après : *La France et Paris sous le Directoire. Lettres d'une Anglaise, écrites en 1796 et 1797, pendant un voyage en France, et traduites par M. Alb. Babeau* (Paris, Didot, 1888). Ces lettres, dans leur texte original, avaient été publiées une première fois à Londres, en 1798, par C.-L. Moody.

247. — *Histoire critique de la prédication de Bossuet* [*par l'abbé J. Lebarq*].

Ibid., t. XXIII, 1889, p. 200-204.

248. — Mgr Besson [évêque de Nîmes].

Ibid., t. XXIII, 1889, p. 254-260.

Compte rendu analytique de l'oraison funèbre de François-Nicolas-Xavier-Louis Besson, né à Baume-les-Dames, le 5 octobre 1821, qui avait été prononcée, peu auparavant, le 24 novembre 1888, par Mgr de Cabrières dans la cathédrale de Nîmes.

249. — Le bilan de la Révolution [d'après Taine].

Anonyme.

Ibid., t. XXIII, 1889, p. 302-307, 374-377.

250. — Le 5 mai 1789.

Anonyme.

Ibid., t. XXIII, 1889, p. 397-404.

A l'occasion de la célébration, à Versailles, du centième anniversaire de l'ouverture des Etats généraux.

251. — Etat de la population de la généralité de Rouen en 1762.

Anonyme.

Ibid., t. XXIII, 1889, p. 421-426.

D'après un ouvrage publié en 1766 : *Recherches sur la population des généralités d'Auvergne, de Lyon, de Rouen et de quelques provinces et villes du royaume, par M. Messance, receveur des tailles de l'élection de Saint-Etienne* (Paris, Durand). — Le nom de Messance n'est qu'un pseudonyme de M. de la Michodière qui fut intendant de Rouen de 1762 à 1768.

252. — M. de Girancourt.

Ibid., t. XXIII, 1889, p. 469-473.

Alexandre-Alfred Gorgeu de Girancourt (1811-1889) était né au château de Varimpré (aux Essarts-Varimpré (Seine-Inférieure) et appartenait à une famille de gentilshommes verriers. On a de lui deux notices sur la verrerie de Rouen et la fabrication du cristal à la façon de Venise aux XVIe et XVIIe siècles.

253. — Les premières assemblées départementales de la Seine-Inférieure.

Anonyme,

Ibid., t. XXIII, 1889, p. 700-705, 726-731, 749-753.

254. — Saint Vincent de Paul.

Anonyme.

Ibid., t. XXIII, 1889, p. 773-776, 795-799.

Analyse du panégyrique prononcé en 1785 par l'abbé Maury.

255. — Un document historique.

Anonyme.

Ibid., t. XXIII, 1889, p. 820-824.

Réflexions sur un passage du testament de Ferdinand-Ph.-L.-C.-Henri d'Orléans, fils aîné de Louis-Philippe († 1842), testament dont le texte avait été publié dans le premier volume des *Lettres du duc d'Orléans*.

256. — [*Histoire de*] *saint François d'Assise* [*par l'abbé Le Monnier*].

Ibid., t. XXIII, 1889, p. 845-849, 871-875.

257. — Le général Lebrun.

Ibid., t. XXIII, 1889, p. 991-992.

Né le 22 octobre 1809, à Landrecies (Nord); † 1889. Le général avait, à Rouen, de 1873 à 1879, commandé le 3e corps d'armée.

258. — *La marine normande aux XVIe et XVIIe siècles*.

Anonyme.

Ibid., t. XXIV, 1890, p. 52-55.

Compte rendu d'une publication faite par MM. Charles et Paul Bréard pour la Société de l'Histoire de Normandie : *Documents relatifs à la marine normande et à ses armements aux XVIe et XVIIe siècles*.

259. — Une lettre de l'abbé Miette.

Ibid., t. XXIV, 1890, p. 107-111.

Dans un post-scriptum de cette lettre, datée de « la Mailleraye, le 26 janvier 1822 », et adressée à M. le chevalier de Bonnechose, il est parlé de son fils « M. Henri », le futur archevêque de Rouen : « ... Je lui souhaite tout le bonheur dont il est digne et, par la suite, toutes les places que les talents qu'il annonce le rendront capable d'occuper... »

260. — Mgr Robin, évêque de Bayeux.

Ibid., t. XXIV, 1890, p. 162-166, 262-267.

Comme Mgr Duval, qui venait d'être nommé à l'évêché de Soissons, Mgr Robin, évêque de Bayeux de 1836 à 1855, avait été précédemment curé de Notre-Dame du Havre.

261. — Mgr Grolleau [évêque d'Evreux de 1870 à 1890].

Ibid., t. XXIV, 1890, p. 356-359.

262. — *Comptes rendus des Echevins de Rouen* (1409-1711), *publiés par M. J. Félix.* (Publication de la Société de l'Histoire de Normandie.)

Anonyme.

Ibid., t. XXIV, 1890, p. 407-411.

263. — Les derniers moments de Louis XVIII, d'après un livre récent.

Anonyme.

Ibid., t. XXIV, 1890, p. 477-482.

Voir le tome V des *Mémoires* du comte de Villèle.

264. — Mgr de Salamon. *Mémoires inédits* publiés par M. l'abbé Bridier.

Ibid., t. XXIV, 1890, p. 551-555, 573-577, 629-633.

L'ouvrage, qui venait de paraître, a pour titre : *Mémoires inédits de l'Internonce à Paris pendant la Révolution*. M. l'abbé Loth insiste sur quelques détails relatifs au diocèse de Rouen, dont M. de Salamon, en 1800, fut nommé administrateur apostolique. Cf. nos 365 et 367.

265. — *Les hommes du* 14 *juillet, par M. Victor Fournel.*

Anonyme.

Ibid., t. XXIV, 1890, p. 676-681, 700-704.

266. — La doctrine révolutionnaire, d'après Joseph de Maistre.

Ibid., t. XXIV, 1890, p. 749-753, 796-799.

267. — Le centenaire de Lamartine.

Signé : J. L.

Ibid., t. XXIV, 1890, p. 1039-1041.

268. — Monsieur Fleury.

Ibid., t. XXIV, 1890, p. 1063-1069.

Pierre-Louis-Désiré Fleury, le libraire-éditeur bien connu à Rouen, était né dans cette ville le 12 mai 1814. Avec M. l'abbé Loth, il avait créé l'*Almanach liturgique* (1865) et fondé la *Semaine religieuse de Rouen* (1867).

269. — Les premiers sénateurs de la Seine-Inférieure.

Ibid., t. XXIV, 1890, p. 1140-1145, 1213-1216 ; t. XXV, 1891, p. 4-8, 126-131, 318-325, 341-347.

Nicolas Vimar († 1829), Pierre-Jacques-Amable Levavasseur († 1802), Jean-Barthélemy Le Couteulx de Canteleu († 1818).

270. — [*Vie de*] *Dom Bosco, fondateur de la Société salésienne, par M. Villefranche.*

Anonyme.

Ibid., t. XXIV, 1890, p. 1162-1166.

271. — Jumièges.

Les environs de Rouen. Cent vingt dessins par Fraipont. Texte par MM. H. Allais, Beaucousin, Ch. de Beaurepaire,

E. Brieux, G. Dubosc, J. Félix, J. Hédou, Ch.-F. Lapierre, l'abbé Loth, l'abbé Sauvage, Antony Valabrègue. — *Rouen, E. Augé, libr.-édit.*, 1890; gr. in-4°. (A la fin : *Achevé d'imprimer le 30 nov. 1889 par Charles Hérissey, d'Evreux, pour le compte de M. Augé, libr.-édit. à Rouen.*) — P. 33-52, fig.

272. — Les idées de Mgr de Noë.

Sem. relig. de Rouen, t. XXV, 1891, p. 440-445, 463-469.

Né à la Grimeaudière, près de la Rochelle, en 1724, Marc-Antoine de Noë, évêque de Lescar en 1763, mort évêque de Troyes en 1802, avait été vicaire général de Rouen avant d'être promu à l'épiscopat.

273. — [*Histoire du*] *prieuré de Saint-Lô* [*par M. Léonce de Glanville*].

Ibid., t. XXV, 1891, p. 733-752.

274. — M. l'abbé Lemaître, chanoine honoraire, ancien curé de Sainte-Marie du Havre [† 19 juin 1891].

Ibid., t. XXV, 1891, p. 1061-1067, 1086-1090.

275. — Pensées d'un sage.

Ibid., t. XXV, 1891, p. 1110-1115.

« Pensées » puisées dans les œuvres de l'académicien Brifaut dont M. l'abbé Loth avait quinze ans plus tôt publié la correspondance inédite. Cf. nos 104 et 115.

276. — Le roi Louis-Philippe.

Ibid., t. XXV, 1891, p. 1158-1164.

Examen, au point de vue religieux, du livre qui venait d'être récemment mis au jour par un normand, le marquis de Flers, sous le titre : *Le roi Louis-Philippe* (1773-1850). *Vie anecdotique.*

277. — Notre-Dame de Bonsecours. Vingt-cinq dessins par Fraipont. Introduction par le R. P. Monsabré. Notice historique par l'abbé Julien Loth. Description de l'église, par l'abbé Sauvage. — *Rouen, E. Augé, libr.*-

édit., 1891 ; gr. in-8°, IV-110-134 p., fig. (A la fin : *Tours, impr. Mame.*)

La notice historique, à la fin de laquelle se voit la signature de l'abbé Julien Loth, va de la page 1 à la page 110. La pagination reprend ensuite de 1 à 134.

278. — Notre-Dame de Bonsecours. Trois dessins par Fraipont. Introduction par le R. P. Monsabré. Texte par MM. l'abbé Loth et l'abbé Sauvage. — *Rouen, E. Augé et Ch. Borel, édit.*, 1891 ; in-8°, 132 p. (A la fin : *Tours, impr. Mame.*)

Edition populaire de l'ouvrage précédent (n° 277). P. 1-64 est la notice historique de M. l'abbé Loth.

279. — L'église Saint-Maclou.

La Normandie monumentale et pittoresque. Seine-Inférieure. — Le Havre, Lemale et Cie, impr.-édit., 1893 (1892) ; gr. in-fol., — P. 129-140, 3 pl. h. t., dont l'une de l' « Aître Saint-Maclou ».

280. — Le château d'Esneval, à Pavilly.

Ibid., p. 215-218, 1 pl. h. t.

281. — Le château d'Auffay, à Oherville.

Ibid., p. 363-366, avec 1 pl. h. t.

282. — M. l'abbé Delalande, doyen de la Faculté de théologie de Rouen [† 7 janvier 1892].

Sem. relig. de Rouen, t. XXVI, 1892, p. 52-60.

François-Stanislas-André Delalande, né à Caudebec-en-Caux le 26 mars 1825.

283. — *Le T. R. P. Coudrin.*

Ibid., t. XXVI, 1892, p. 172-177.

Compte rendu de la *Vie du T. R. P. Marie-Joseph Coudrin*. Le P. Coudrin, † le 27 mars 1837 et qui fut le fondateur de la Congrégation des SS. Cœurs de Jésus et de Marie, avait rempli, à Rouen, de 1826 à 1833, les fonctions de vicaire général de Mgr de Croy.

284. — Les vingt-cinq ans d'épiscopat de monseigneur l'archevêque [de Rouen].

Ibid., t. XXVI, 1892, p. 301-304.

Léon-Benoît-Charles Thomas, sacré évêque de la Rochelle le 15 mai 1867, archevêque de Rouen depuis 1884.

285. — Les négociations du Concordat.

Ibid., t. XXVI, 1892, p. 446-453, 519-527, 732-738.

D'après une publication de la Société d'histoire diplomatique : *Documents originaux relatifs à la négociation du Concordat*, t. Ier (1891) et t. II (1892), édités par le comte Boulay de la Meurthe.

286. — M. l'abbé Régneaux, archiprêtre de la primatiale [de Rouen].

Ibid., t. XXVI, 1892, p. 475-485.

Frumence-Sénateur Régneaux, † le 30 avril 1892, était né à Saint-Léger-aux-Bois le 3 septembre 1819.

285. — M. le président de Tourville.

Ibid., t. XXVI, 1892, p. 828-833.

Alexandre-Charles Le Tendre de Tourville, né à Rouen le 17 octobre 1801 ; † le 19 mai 1892.

288. — Le cardinal Lavigerie [1825-1892].

Ibid., t. XXVI, 1892, p. 1190-1196.

289. — *L'Eglise et les campagnes au moyen âge [par M. G.-A. Prévost]*.

Ibid., t. XXVI, 1892, p. 1213-1219, 1262-1269.

290. — L'église Saint-Maclou, par l'abbé Julien Loth. — *Havre, Lemale et Cie, impr.-édit.*, 1892 ; gr. in-fol., 1 f. de titre et 12 p., 3 pl. h. t. en héliogr.

« Extrait [à pagination continue] de la *Normandie monumentale et pittoresque*, pp. 129-140 ». Cf. no 279.

291. — Le château d'Esneval, à Pavilly, par l'abbé Julien Loth. — *Havre, Lemale et Cie, impr.-édit.*, 1892; gr. in-fol., 1 f. de titre, 4 p., 1 pl. h. t. en héliogr.

« Extrait [à pagination continue] de la *Normandie monumentale et pittoresque*, pp. 215-218 ». Cf. n° 280.

292. — Une visite à l'église Saint-Maclou, par M. l'abbé Julien Loth, ... ; avec six dessins de M. Jules Adeline. — *Rouen, impr. Mégard et Cie*, 1892, in-8°, 122 p., fig.

293. — Le 21 janvier 1793.

Sem. rel. de Rouen, t. XXVII, 1893, p. 29-36.

Une note rectificative, de quatre ou cinq lignes, signée J. L., se lit à la page 81.

294. — Le docteur Paul Levasseur.

Ibid., t. XXVII, 1893, p. 349-354.

Né à Bolbec le 26 février 1831, le docteur Levasseur mourut le 4 avril 1893.

295. — Des catéchismes de Rouen.

Ibid., t. XXVII, 1893, p. 446-455.

De ces anciens catéchismes du diocèse de Rouen, le premier avait été publié en 1720, par ordre de Mgr Bazin de Bezons; celui que donna, en 1730, Mgr de Lavergne de Tressan et qui eut de très nombreuses éditions resta en usage, sauf une brève interruption de 1806 à 1815, jusqu'à l'année 1886.

296. — M. l'abbé Sauvage [† 11 mai 1893].

Ibid., t. XXVII, 1893, p. 470-475.

Eugène-Paul Sauvage était né à Caudebec-en-Caux le 27 décembre 1841.

297. — *Paul Lamache* [*par M. Paul Allard*].

Ibid., t. XXVII, 1893, p. 661-666.

Paul Lamache, né à Saint-Pierre-Eglise, dans la Manche, le 18 juillet 1810, † le 8 juillet 1892, fut, on se le rappelle, un des sept fondateurs des Conférences de Saint-Vincent-de-Paul, l'ami d'Ozanam, de Lacordaire, de Montalembert et leur compagnon d'armes dans les luttes pour la liberté de l'enseignement.

298. — Les familles historiques.

Ibid., t. XXVII, 1893, p. 877-885.

Publiée à l'occasion de la mort du jeune duc d'Uzès, cette notice reparut quatorze ans plus tard. Cf. n° 343.

299. — L'abbé Barruel.

Ibid., t. XXVII, 1893, p. 952-958.

Augustin Barruel, l'auteur de l'*Histoire du clergé de France pendant la Révolution* et des *Mémoires pour servir à l'histoire de la Révolution*, naquit à Villeneuve-de-Berg, le 2 octobre 1741 ; † le 5 octobre 1820.

300. — Le château d'Auffay, à Oherville, par l'abbé Julien Loth. — *Havre, Lemale et Cie*, 1893 ; gr. in-fol., 1 f. de titre, 4 p., 1 pl. h. t. en héliogr.

« Extrait [à pagination continue] de la *Normandie monumentale et pittoresque*, pp. 363-366 ». Cf. n° 281.

301. — Histoire du cardinal de la Rochefoucauld et du diocèse de Rouen pendant la Révolution, par l'abbé Julien Loth,... — *Evreux, impr. de l'Eure*, 1893 ; gr. in-8°, [20]-VI-756 p., portr.

Cf. nos 30 et 100.

302. — Les Chapitres nobles de femmes avant la Révolution.

Alm. liturg. p. l'ann. 1894 (30e année), p. 97-131.

Cf. n° 343.

303. — [*Description de*] *l'église du Bourg-Dun, par le Dr Coutan*.

Sem. relig. de Rouen, t. XXVIII, 1894, p. 5-10.

304. — Les documents sur la vénérable Jeanne d'Arc.

Ibid., t. XXVIII, 1894, p. 135-142.

305. — Les vacances du siège de Rouen depuis le Concordat.

Ibid., t. XXVIII, 1894, p. 337-344.

306. — Notre ancien chant.

Ibid., t. XXVIII, 1894, p. 385-390.

307. — A propos des souterrains [de la cathédrale] de Rouen.

Ibid., t. XXVIII, 1894, p. 479-481.

308. — De quelques anciennes cérémonies de l'église de Rouen.

Ibid., t. XXVIII, 1894, p. 585-591.

Le « Noël » du temps de l'Avent; les Préfaces; l'Absolution du Jeudi-Saint; les sept officiants de la Pentecôte; le « joug », etc.

309. — Le testament du chanoine Adam Hurel [† 1748].

Ibid., t. XXVIII, 1894, p. 682-693.

Le testament lui-même, du 15 juin 1745, et son codicille, du 29 juillet 1747, se lisent p. 688-693. Quelques lignes ont été ajoutées p. 711, pour une correction.

310. — Le cidre.

Signé : J. L.

Ibid., t. XXVIII, 1894, p. 801-805.

Le *Traité du Vin et du Sidre*, de Julien Le Paulmier, venait d'être réimprimé pour la Société des Bibliophiles normands (*Rouen*, 1894). Deux ans après, la même Société réédita, avec une longue introduction d'Emile Travers, la traduction française, par Jacques de Cahaignes, du traité *De Vino et Pomacco*.

311. — Lettres de l'exil.

Alm. liturg. p. l'ann. 1895 (31e année), p. 95-123.

Lettres écrites de Warendorff (Westphalie), en 1797, 1800 et 1810, par P.-P. Hardy, précédemment vicaire à Mésangueville, au diocèse de Rouen, à Pierre Delonguemare, maître d'école dans la même paroisse. La note préliminaire, signée : Julien Loth, occupe les trois premières pages.

312. — *Vie de saint Bernard, par M. l'abbé Vacandard.*

Sem. relig. de Rouen, t. XXIX, 1895, p. 373-377.

313. — *Vie du chanoine Robert, par M. l'abbé Julien.*

Ibid., t. XXIX, 1895, p. 615-617.

Charles-Louis-Napoléon Robert, né au Havre le 29 décembre 1804. D'abord ingénieur des constructions navales, il entra plus tard dans les ordres, devint directeur du Séminaire d'Yvetot, puis chanoine et intendant de la cathédrale de Rouen ; † 2 mars 1885.

314. — *Une année de l'administration municipale de Rouen* (1515).

Ibid., t. XXIX, 1895, p. 710-714.

Compte rendu d'une publication de M. Le Parquier : *Contribution à l'histoire de Rouen. Une année de l'administration municipale au XVIe siècle (l'année 1515). — Rouen, impr. Cagniard*, 1895, in-8°.

315. — Saint Romain.

Sem. rel. de Rouen, t. XXX, 1896, p. 999-1003.

316. — Cathelineau.

Signé : J. L.

Ibid., t. XXX, 1896, p. 1020-1023.

A l'occasion de l'inauguration, le 13 octobre 1896, dans l'église de Pin-en-Mauges, d'un monument élevé au héros vendéen.

317. — Les gloires de la France chrétienne au XIXe siècle. Essais anecdotiques sur le temps présent, par M. Georges Loth, avec introduction par M. l'abbé Julien Loth, doc-

teur en théologie. 2e série. — *Paris, René Haton, libr.-édit.*, 1896 ; in-8°, xvi-172 p. (A la fin : *Impr. Emile Colin, à Lagny.*)

L'introduction, signée : L'abbé Julien Loth, va de la page v à la page xvi.

318. Mgr Germain.

Sem. relig. de Rouen, t. XXXI, 1897, p. 1131-1135.

Liens qui unissaient au diocèse de Rouen Mgr Germain, évêque de Coutances de 1876 à 1897.

319. — Mémoires de l'abbé Baston, chanoine de Rouen, d'après le manuscrit original, publiés pour la Société d'histoire contemporaine par M. l'abbé Julien Loth et M. Charles Verger, [avec introduction par l'abbé Julien Loth]. — *Paris, Alph. Picard et fils* ; 3 vol. in-8° : t. Ier, 1897 (années 1741-1792), xxix-438 p. ; t. II, 1899 (années d'exil 1792-1803), [vi-423 p. ; t. III, 1899 (années 1803-1818), viii-372 p., portr. (A la fin : *Besançon, impr. et lithogr. de Paul Jacquin.*)

Ces volumes forment les tomes XV, XIX et XXI des publications de la Société d'histoire contemporaine.

320. — M. le chanoine Othon.

Sem. relig. de Rouen, t. XXXII, 1898, p. 586-591.

Pierre-Jacques Othon, né à Rouen le 12 juin 1823 ; † 30 mai 1898.

321. — Gustave Gouellain. 1836-1897. (La notice, à la dernière page, est signée : Julien Loth.) Petit in-4°, 95 p., portr. (A la fin : *Achevé d'imprimer le cinq février mil huit cent quatre-vingt-dix-huit par Charles Hérissey, d'Evreux.*)

322. — Le substitut de Pont-Audemer. (Communication de M. l'abbé J. Loth ; note de M. P. Le Verdier).

Bull. de la Soc. de l'Hist. de Norm. — *Rouen, A. Lestringant ; Paris, A. Picard et fils,* 1899. (*Impr. Cagniard ; L. Gy, succ*r). — T. VIII, ann. 1896-1899, p. 378-387.

Fragment des Mémoires de l'abbé Baston non inséré dans la publication qu'en firent, en 1897-1899, M. l'abbé J. Loth et M. Ch. Verger. *Supra* n° 319.

323. — M. l'abbé Baston, académicien [de 1803 à 1811], par M. l'abbé Julien Loth.

Précis des trav. de l'Acad. de Rouen, ann. 1898-1899. — *Rouen,* 1900. — P. 250-266.

324. — M. l'abbé de Beauvoir.

Sem. rel. de Rouen, t. XXXIV, 1900, p. 5-11.

Charles-Alfred Hébert de Beauvoir, né à Bayeux le 20 avril 1838, curé de Saint-Godard de Rouen (1875-1899) ; † 12 décembre 1899.

325. — Un chanoine du Mans à Rouen pendant la Révolution.

Ibid., t. XXXIV, 1900, p. 163-166.

Cet ecclésiastique, qui se nommait Joseph-Jean Savare, s'était réfugié à Rouen, où il mourut le 9 ventôse an X (28 février 1801), rue de l'Ecureuil, en la paroisse Saint-Laurent. On a conservé les cahiers manuscrits où il avait enregistré les baptêmes et mariages célébrés par lui, à Rouen et aux environs de cette ville, de 1795 à 1800, et qui viennent d'entrer à la bibliothèque de la ville de Rouen.

326. — [Notice nécrologique sur M. Charles Lormier.] Signé : J. L.

Ibid., t. XXXIV, 1900, p. 607-608.

Charles-Laurent Lormier, un des bibliophiles normands les plus connus, était né à Rouen le 20 octobre 1825 ; † le 5 juin 1900.

327. — Notice sur M. le comte Robert d'Estaintot, par M. l'abbé Julien Loth.

Précis des trav. de l'Acad. de Rouen, ann. 1900-1901. — *Rouen*, 1902. — P. 119-138.

Robert-Charles-Hippolyte Langlois, comte d'Estaintot, né à Rouen le 3 février 1832 ; † 17 mars 1901.

328. — [*Préface à*] *l'Imitation de Jésus-Christ* [*par Jean de Bonnefon*].

Bulletin religieux de l'archidiocèse de Rouen. — *Rouen, L. Mégard, impr. de l'Archevêché ;* in-8°. — T. II, 1903, p. 332-335.

Au cours de cet article il est incidemment parlé de l'abbé Martin de Boisville (*supra*, n° 85), qui, caché à Rouen durant la Terreur dans un obscur réduit de la rue des Carmes, traduisit en vers le livre de l'*Imitation*. Cette œuvre a été imprimée à Paris, en 1819, sans nom d'auteur, chez A.-A. Renouard.

329. — Notes sur l'ancien clergé de France.

Signé : J. L. et J. Loth.

Ibid., t. II, 1903, p. 778-780, 1129-1131, 1232-1234, 1289-1291 ; t. III, 1904, p. 65-70 ; t. V, 1906, p. 443-446, 996-1000, 1254-1257, 1387-1389 ; t. VI, 1907, p. 252-255, 381-382, 1104-1106, 1302-1306 ; t. VII, 1908, p. 92-95, 409-411.

330. — M. Roberty.

Signé : J. L.

Ibid., t. II, 1903, p. 1121-1122.

M. le pasteur Roberty, président du consistoire de l'Eglise réformée, est décédé à Rouen le 18 octobre 1903.

331. — M. Héron [1829-1903].

Ibid., t. II, 1903, p. 1206-1207.

Cette notice a été réimprimée dans : *Allocutions et notices sur P.-A. Héron, professeur de lettres...* Cf. n° 335.

332. — Le marquis Le Ver et dom Bétencourt, par M. l'abbé Julien Loth.

Précis des trav. de l'Acad. de Rouen, ann. 1901-1902. — *Rouen*, 1903. — P. 231-250.

L'érudit bénédictin Pierre-Louis-Joseph Bétencourt, né à Arras le 7 juillet 1743, décéda le 16 mai 1829. Quant au marquis, né en 1760, à Amiens, il survécut environ onze ans à son correspondant, étant mort le 8 octobre 1840 dans son château de Roquefort. Le recueil des lettres du marquis Le Ver figurait au catalogue de la vente de la bibliothèque de Mgr Loth et a été acquis pour la bibliothèque de Rouen.

333. — Une lettre du président de Saint-Victor à Servan [1784], par M. l'abbé Julien Loth.

Ibid., ann. 1902-1903. — *Rouen*, 1903. — P. 295-315.

Le président Robert de Saint-Victor, avant la Révolution et depuis 1767, avait appartenu à l'Académie de Rouen.

334. — Mgr Julien Loth. Les cloches des églises de Rouen. Deuxième édition. — *Rouen, impr. L. Mégard*, 1903. In-8°, 78 p., 1 f. de table non chiffré.

Cf. nos 29 et 55.

335. — Notice sur M. Alexandre Héron, par Mgr J. Loth. — Extrait du *Bulletin religieux* (14 nov. 1903).

Signé : J. L.

Dans *Allocutions et notices sur Pierre-Alexandre Héron, professeur de lettres* (1829-1903). S. l. n. d.

Cette brève notice (1 p. et 1 f. de titre), insérée dans la 5e partie du recueil (extraits de la presse) a déjà été mentionnée (*supra*, n° 331).

336. — L'inscription de la rue Saint-Romain.

Signé : J. L.

Bull. rel. de Rouen, t. III, 1904, p. 473-475.

La Commission des inscriptions rouennaises, dans une réunion du

17 octobre 1913, a reconnu l'utilité de modifier le texte de cette inscription rappelant la dernière séance du procès de Jeanne d'Arc. De divers côtés, on y avait signalé quelques inexactitudes. Cf., au tome IV du *Bulletin religieux*, une étude de M. l'abbé L. Jouen : « Jeanne d'Arc et l'archevêché ».

337. — Questions mises au point.

Signé : J. L.

Ibid., t. III, 1904, p. 643-646.

Qui, de l'Eglise et de son chef ou de l'Angleterre et de son gouvernement, a jugé, condamné, fait brûler la Pucelle? Analyse d'articles de l'abbé Ph. Dunand, publiés dans le *Correspondant*, à l'occasion d'un anniversaire de la mort de Jeanne d'Arc.

338. — Une belle figure sacerdotale.

Ibid., t. III, 1904, p. 1135-1138.

Réimpression à peu près intégrale de la notice nécrologique sur l'abbé E.-P. Delahaye qu'avait donnée, en 1882, la *Semaine religieuse*. Cf. n° 137.

339. — A propos d'un livre d'Anacharsis Cloots, par Mgr Loth.

Précis des trav. de l'Acad. de Rouen, ann. 1904-1905. — *Rouen*, 1905. — P. 223-250.

Notes biographiques sur Cloots, « l'orateur du genre humain », et examen critique de son ouvrage : *La République universelle*.

340. — Mgr d'Estrades et le Mont-aux-Malades.

Bull. relig. de Rouen, t. V, 1906, p. 102-106.

Jean d'Estrades (1610-1685), pourvu en 1659 de l'évêché de Condom, posséda en commende le prieuré du Mont-aux-Malades où il résida durant plusieurs années. C'est par lui que les Génovéfains y furent introduits. Vers 1671, il céda ce bénéfice à son neveu.

341. — A propos d'un livre d'Anacharsis Cloots, par Mgr Loth. — *Rouen, impr. Cagniard (Léon Gy, success.)*, 1906 ; in-8°, 30 p.

Cf. n° 339.

342. — *Le Graduel de la cathédrale de Rouen au XIIIe siècle.*

Bull. relig. de Rouen, t. V, 1907, p. 860-863.

Dans l'ouvrage signalé et sommairement analysé, la reproduction en phototypie du *Liber gradualis ecclesiae Rothomagensis* est accompagnée d'un second volume, *Le Graduel de l'église cathédrale de Rouen au XIIIe siècle*, comprenant 1° une « Etude historique et liturgique sur le Ms. 904 du fonds lat. de la Biblioth. nat. », par H. Loriquet; 2° des « Remarques sur la liturgie, le chant et le drame », par Dom J. Pothier; 3° le *Breve officiorum*, par A. Collette.

343. — Notices sur l'ancienne noblesse française. — *Paris, libr. Alph. Picard et fils (A. Picard fils et Cie)*, s. d. [1907], in-8°, 113 p. et 1 feuillet de table. (A la fin : *Impr. M.-H. Leroy, rue de Vanves.*)

Les familles historiques. Les descendants actuels des croisés. Les Chapitres nobles de femmes. Les députés de la noblesse, etc.

344. — La Généralité de Rouen en 1698, d'après le Mémoire de l'Intendant.

Bull. rel. de Rouen, t. VII, 1908, p. 227-232, 277-284.

Le Mémoire analysé d'après un ms. qui est une copie du XVIIIe siècle serait l'œuvre de M. de Vaubourg ou de M. de la Bourdonnaye.

345. — M. l'abbé Ansselin.

Ibid., t. VII, 1908, p. 470-473.

Justin-Amédée Ansselin, né le 27 juillet 1828, à Auvilliers, doyen du Chapitre de la cathédrale de Rouen en 1896, † 28 avril 1908.

346. — Quelques années du journal de Madame de Julienne [1773-1777], par Mgr Julien Loth.

Précis des trav. de l'Acad. de Rouen, ann. 1906-1907. — *Rouen*, 1908. — P. 261-239, portr. en héliogr.

Mme de Julienne, née Marie-Elisabeth de Seré de Rieux, avait épousé le fils d'un surintendant de la manufacture des Gobelins. Elle mourut en 1795.

347. — Quelques années du journal de Madame de Julienne, par Mgr Julien Loth... — *Rouen, impr. Cagniard (Léon Gy, successeur)*, 1908; in-8°, 41 p. (portrait).

Extrait du *Précis* de l'Académie de Rouen, année 1906-1907. Cf. le n° précédent.

348. — Jeanne d'Arc sur nos autels.

Bull. rel. de Rouen, t. VIII, 1909, p. 610-617.

349. — [Assemblée générale de la Société de l'Histoire de Normandie tenue à Rouen le 24 juin 1909. Discours de Mgr Loth, vice-président de la Société.]

Bull. de la Soc. de l'Hist. de Norm. — *Rouen, A. Lestringant, libr.; A. Picard fils et Cie, libr.*, 1909. *(Rouen, impr. Léon Gy.)* — T. X, ann. 1905-1909, p. 350-368.

Les origines de la Société de l'Histoire de Normandie : un souvenir aux ouvriers de la première heure. Notice biographique sur M. Charles de Beaurepaire, l'un des quinze membres fondateurs de cette Société qu'il présida de 1886 à 1908 (portrait). Eloge de M. A. Pellerin, Mgr J. Lenormand, MM. l'abbé Anatole Loth et Paul Baudry.

350. — Réponse au discours de réception de M. J. Haelling, par Mgr Julien Loth, président.

Précis des trav. de l'Acad. de Rouen, ann. 1907-1908. — *Rouen*, 1909. — P. XXVII-XLVI, fig.

La musique et les musiciens français.

351. — Réponse au discours de réception de M. Layer, par Mgr J. Loth, président.

Ibid., ann. 1907-1908. — *Rouen*, 1909. — P. 49-69.

Les Pères Blancs et la civilisation dans l'Ouganda.

352. — Réponse au discours de réception de M. Henri de la Bunodière, par Mgr Julien Loth, président.

Ibid., ann. 1907-1908. — *Rouen*, 1909. — P. 359-384.

Un bénédictin de l'abbaye de Saint-Ouen : Dom Jean-François Pommeraye, né à Rouen en 1617, † le 8 novembre 1687.

353. — Les otages normands de Louis XVI, par Mgr Julien Loth.

Ibid., ann. 1907-1908. — *Rouen*, 1909. — P. 395-414.

354. — M. Beugnot, par Mgr Loth.

Ibid., ann. 1907-1908. — *Rouen*, 1909. — P. 415-426.

Jacques-Claude Beugnot, né à Bar-sur-Aube en 1761, préfet de la Seine-Inférieure de 1800 à 1806, avait, en cette qualité, pris une part active au rétablissement de l'Académie de Rouen (1803).

355. — Notice sur M. Charles de Beaurepaire, par Mgr J. Loth.

Ibid., ann. 1907-1908. — *Rouen*, 1909. — P. 449-465.

356. — Charles de Beaurepaire, président de la Société de l'Histoire de Normandie. Discours prononcé à l'Assemblée générale du 24 juin 1909 par Mgr Loth, vice-président de la Société. — *Rouen, impr. Cagniard* (*L. Gy, successeur*), 1909 ; in-8°, 21 p.

Extrait des *Bulletins* de la Société de l'Histoire de Normandie. Cf. n° 349.

357. — Notice sur M. Charles de Beaurepaire, par Mgr J. Loth. — *Rouen, impr. Cagniard*, (*Léon Gy, successeur*), 1909 ; in-8°, 19 p.

Extrait du *Précis* de l'Académie de Rouen, année 1907-1908. Cf. n° 355.

358. — Les derniers jours de l'abbaye de Saint-Ouen. Discours de réception de M. de la Bunodière et réponse à ce discours par Mgr Loth, président [de l'Académie de

Rouen]. — *Rouen, impr. Cagniard* (*Léon Gy, successeur*), 1909 ; in-8°, 70 p., 2 portr. et 1 pl.

Pages 45-70 : « Réponse au discours de M. Henri de la Bunodière par Mgr Loth, président ». Extrait du *Précis* de l'Académie de Rouen, année 1907-1908. Cf. n° 352.

359. — Les orgues et la maîtrise de la cathédrale de Rouen. Discours de réception de M. J. Haelling et réponse de Mgr J. Loth. — *Rouen, impr. Léon Gy*, 1909 ; in-8°, 40 p.

Extrait du *Précis* de l'Académie de Rouen, année 1907-1908. Cf. n° 350.

360. — Les Pères Blancs et la civilisation dans l'Ouganda. Discours de réception de M. Layer et réponse de Mgr Loth, président [de l'Académie de Rouen]. — *Rouen, impr. Cagniard* (*Léon Gy, successeur*), 1909 ; in-8°, 65 p., 5 pl. et 1 carte.

La réponse de Mgr Loth est aux pages 45-65. Extrait du *Précis* de l'Académie de Rouen, année 1907-1908. Cf. n° 351.

361. — [*Bossuet et les Protestants*, par M. le chanoine Julien, supérieur de l'Institution Saint-Joseph du Havre.] Lettre de Mgr Loth, protonotaire apostolique, président de la Commission diocésaine d'examen des livres, à S. G. Mgr Fuzet, archevêque de Rouen.

Bull. rel. de Rouen, t. IX, 1910, p. 885-886.

362. — L'aître de Saint-Maclou, par Mgr J. Loth.

Précis des trav. de l'Acad. de Rouen, ann. 1908-1909. — *Rouen*, 1910. — P. 209-232, 2 pl. à l'eau-forte de Ph. Zacharie.

363. — L'aître de Saint-Maclou, par Mgr J. Loth. —

Rouen, impr. Cagniard (Léon Gy, successeur), 1910 ; in-8°, 28 p., 2 pl.

Extrait du *Précis* de l'Académie de Rouen, année 1908-1909. Cf. n° 362.

364. — *Les lettres de Jeanne d'Arc et la prétendue abjuration de Saint-Ouen* [*par le comte de Maleissye*].

Bull. rel. de Rouen. t. X, 1911, p. 157-161.

365. — La mission de M. de Salamon dans le diocèse de Rouen en 1801-1802, par Mgr Julien Loth.

Précis des trav. de l'Acad. de Rouen, ann. 1909-1910. — *Rouen*, 1911. — P. 443-470. Portr. et fac-similé d'écriture.

366. — Assemblée générale de la Société de l'Histoire de Normandie, tenue à Rouen le 20 décembre 1910, en l'hôtel des Sociétés savantes. Présidence de Mgr Loth. [Discours du président]. — *Rouen, impr. Cagniard (Léon Gy, successeur)*, 1911 ; in-8°, 15 p.

Extrait des *Bulletins* de la Société de l'Histoire de Normandie. Cf. n° 372.

367. — La mission de M. de Salamon dans le diocèse de Rouen en 1801-1802, par Mgr Julien Loth. — *Rouen, impr. Cagniard (L. Gy, successeur)*, 1911 ; in-8°, 30 p., portr. et 1 pl. fac-similé d'écriture.

Extrait du *Précis* de l'Académie de Rouen, année 1909-1910. Cf. n° 365.

368. — Mgr Loth, protonotaire apostolique. M. l'abbé Ouf, chanoine honoraire, curé de Saint-Romain de Rouen (1837-1911). — *Rouen, impr. de la Vicomté*, 1911 ; in-8°, 37 p.

Léopold-Adrien-Alexis Ouf, né à Fécamp le 12 avril 1837, avait été secrétaire particulier du cardinal de Bonnechose.

369. — Rapport sur les travaux de la Société de l'Histoire de Normandie de 1869 à 1911, par Mgr Loth, président de la Société de l'Histoire de Normandie. — *Rouen, impr. Léon Gy*, 1911 ; in-8° jés., 12 p.

Extrait de : *Ville de Rouen. Congrès du Millénaire normand* (911-1911). *Compte rendu des travaux.*

370. — L'abbé Louis Le Gendre, par Mgr Julien Loth.

Précis des trav. de l'Acad. de Rouen, ann. 1910-1911. — *Rouen*, 1912. — P. 187-212.

Né à Rouen en 1659, Louis Le Gendre, chanoine de Paris, abbé de Clairfontaine et historiographe de France, mourut à Paris le 1er février 1733.

371. — Hommage à M. Léopold Delisle.

Signé : J. L.

Bull. de la Soc. de l'Hist. de Norm., t. XI, ann. 1910-1912 (1913), p. 25.

372. — [Assemblée générale de la Société de l'Histoire de Normandie, tenue à Rouen le 20 décembre 1910. Discours de Mgr J. Loth, président.]

Ibid., t. XI, ann. 1910-1912 (1913), p. 66-78.

Eloge de membres de la Société récemment décédés, MM. Léopold Delisle et Georges Picot, anciens présidents d'honneur, M. Conrad de Witt. Travaux de la Société.

373. — [Assemblée générale de la Société de l'Histoire de Normandie, tenue à Rouen le 20 juin 1911. Discours de Mgr J. Loth, président.]

Ibid,, t. XI, ann. 1910-1912 (1913), p. 151-158.

Réponse à M. Emile Picot, président d'honneur. Eloge de MM. le comte de Grouchy, Gaston Le Hardy, le baron Charles de Stabenrath et Biochet. Travaux de la Société.

374. — [Assemblée générale de la Société de l'Histoire de Normandie, tenue à Rouen le 28 juin 1912. Allocution de Mgr J. Loth, président de la Société.]

Ibid., t. XI, ann. 1910-1912 (1913), p. 293-302.

Réponse au discours de M. Caillemer, président d'honneur. Travaux de la Société. Eloge de MM. Georges Hain, le prince Witold-Casimir Czartorisky, Lannelongue et Christophe Allard.

375. — Mgr Julien Loth. Saint-Maclou de Rouen. L'église. La paroisse. Avec sept dessins de Jules Adeline, un frontispice de M. G. Ruel et un plan de M. L. de Vesly. (Petite vignette sur la couverture et sur le titre : *Ex libris* de Mgr J. Loth, dessiné et gravé par Jules Adeline.) — *Rouen, impr. Lecerf fils*, 1913 ; in-4° jésus, 153 p., plus 1 f. de table.

Publication posthume. « En un premier opuscule, *Une visite à l'église Saint-Maclou*, paru en 1892 chez Mégard (voyez n° 292), Mgr Julien Loth avait esquissé seulement le sujet. Depuis, grâce à de nouveaux documents recueillis dans les archives départementales, dans les comptes paroissiaux dont l'inventaire était paru récemment, il avait pu donner à son étude primitive, forcément sommaire, un développement beaucoup plus étendu et partant plus intéressant » (G. D. dans le *Journal de Rouen* du 25 novembre 1913).

INDEX ALPHABÉTIQUE

[Les chiffres renvoient aux numéros des articles de la *Bibliographie*, et non aux pages.]

www.ingramcontent.com/pod-product-compliance
Ingram Content Group UK Ltd.
Pitfield, Milton Keynes, MK11 3LW, UK
UKHW021600260726
13993UKWH00002B/950

9 782019 965419